Pamela Westland

Kochbuch für die ballastreiche Ernährung

Über 200 neuartige Rezepte für Ihre Gesundheit

Einführung von Dr. Denis Burkitt

BLV Verlagsgesellschaft
München Wien Zürich

CIP-Kurztitelaufnahme der Deutschen Bibliothek

Westland, Pamela:
Kochbuch für die ballastreiche Ernährung:
über 200 neuartige Rezepte für Ihre Gesundheit/
Pamela Westland. Einf. von Denis Burkitt.
[Übers.: Ingeborg Andreas-Hoole. Fotos: Bob Komar]. –
München; Wien; Zürich: BLV Verlagsgesellschaft, 1983.
Einheitssacht.: The high-fibre cookbook ‹dt.›
ISBN 3-405-12768-8

Umschlagbild
Hähnchen-Paella mit Bohnen (Mitte, s. Seite 95),
Gefüllte Auberginen (unten, s. Seite 68)

Titel der englischen Originalausgabe:
The High-Fibre Cookbook
Martin Dunitz Limited
154 Camden High Street, London

Übersetzung: Ingeborg Andreas-Hoole

Ernährungsberater: Dr. Pat Judd,
Department of Nutrition, Queen Elizabeth
College, London University

Fotos: Bob Komar, Styling: Wendy Morris
Anrichten der Speisen: Hilary Walden

Satz: Fertigsatz GmbH, München

Printed in Singapore · ISBN 3-405-12768-8

Inhalt

Zum Gebrauch des Buches

Die Angaben für TL und EL beziehen sich immer auf gestrichene Löffelmaße. 1 Teelöffel (TL) entspricht 5 ml, 1 Eßlöffel (EL) 15 ml. Damit die Rezepte gelingen, sollten Sie die Größen der Löffel überprüfen, die Sie zum Abmessen verwenden.

Gelegentlich verlangt ein Rezept gekochte Bohnen oder gekochten Reis als Zutaten. Getrocknete Bohnen wiegen etwa halb so viel wie gekochte, ungekochter Reis ist ungefähr ein Drittel so schwer wie gekochter.

Falls nicht anders angegeben, werden immer frische Kräuter verwendet. Von getrockneten Kräutern nimmt man im allgemeinen ein Drittel der für frische Kräuter angegebenen Menge. Die Würzkraft getrockneter Kräuter hängt jedoch auch davon ab, wie lange sie schon lagern.

Wenn die abgeriebene Schale von Zitronen oder Orangen verwendet wird, werden unbehandelte Früchte vorausgesetzt.

Einführung

Von Dr. Denis Burkitt

Dies ist kein gewöhnliches Kochbuch. Sein Ziel ist in erster Linie, Ihnen beim Gesundbleiben zu helfen: Nicht mehr chemisch und technisch aufbereitete Nahrungsmittel sollen Ihren täglichen Speisezettel bestimmen, Sie sollen den Schwerpunkt vielmehr auf ballaststoffreiche Nahrungsmittel mit relativ niedrigem Fett- und Zuckergehalt verlagern.
Zur Einführung möchte ich erklären, warum ich diesen Ernährungswandel für so wesentlich halte, und möchte die große Bedeutung der Ballaststoffe für die Gesundheit aufzeigen.
Ich habe über lange Zeit hinweg in vielen Ländern Beobachtungen durchgeführt; diese haben mich mehr und mehr davon überzeugt, daß eine veränderte Grundzusammensetzung in der Ernährung unschätzbar viel dazu beitragen könnte, den allgemeinen Gesundheitszustand in den Industrienationen zu verbessern. Erst vor kurzer Zeit konnte die These Anerkennung finden, daß viele der häufigsten Krankheiten der Wohlstandsgesellschaft nur selten bei der Landbevölkerung der Dritten Welt anzutreffen sind, jedoch bei schwarzen und weißen Amerikanern in vergleichbarem Ausmaß auftreten. Eine weitere Feststellung ist, daß sich diese Krankheiten auch in den Industrieländern erst nach dem ersten Viertel dieses Jahrhunderts häufen.
Ausführliche Studien über die Verbreitung von Krankheiten in den verschiedenen Teilen der Welt haben klar und übereinstimmend gezeigt, daß diese Krankheiten einen direkten Bezug zum modernen westlichen Lebensstil haben müssen.
Zu den »Zivilisationskrankheiten« zählen so ernst zu nehmende Leiden wie: Erkrankung der Herzkranzgefäße, die häufigste Todesursache; Darmkrebs, zusammen mit Lungenkrebs (größtenteils durch Rauchen herbeigeführt) die häufigste Ursache für den Krebstod; Blinddarmentzündungen und Divertikelerkrankungen, die häufigsten Darmerkrankungen; Gallensteine, die häufigste Ursache für Bauchhöhlenoperationen; Diabetes, die häufigste Stoffwechselkrankheit; Fettleibigkeit, die häufigste Folge falscher Ernährung; Hämorrhoiden und Krampfadern, die verbreitetsten Beschwerden der Industriegesellschaft; und Karies, die häufigste aller Krankheiten überhaupt.
Die geografische Verbreitung und die Geschichte dieser Krankheiten zeigen, daß es möglich sein muß, sie weitgehend zu vermeiden, sobald die verursachenden Faktoren erkannt und eingeschränkt sind oder beseitigt werden. Natürlich haben der größere Wohlstand und die Vorzüge der modernen Technik Veränderungen in sehr vielen Bereichen mit sich gebracht. Aber es hat sich auch gezeigt, daß alle oben angeführten Krankheiten etwas mit Veränderungen im

Verdauungssystem des Körpers zu tun haben. Deshalb erscheint es logisch, erst einmal die Umstellungen in der Ernährung zu untersuchen, die dem Auftreten oder der ansteigenden Verbreitung jener Krankheiten vorausgegangen sind, bevor man andere Einflußfaktoren prüft.
In den westlichen Industrienationen hat sich in den letzten 200 Jahren die Grundzusammensetzung in der Ernährung stärker verändert als während der gesamten vorangegangenen Zeit menschlichen Lebens. Einfach ausgedrückt: Wir haben Nahrungsmittel zu uns genommen, auf die unser Körper nicht ausgerichtet ist. Es ist gut möglich, daß unsere modernen Zivilisationskrankheiten unausweichliche Folgen davon sind. Anpassung ist ein langwieriger Prozeß. Es hat keinen Sinn, hoffnungsvoll darauf zu warten, daß sich unser Körper einer unangemessenen Ernährung anpaßt. Vielmehr müssen wir unsere falschen Ernährungsformen erkennen und so weit zurücknehmen, daß die Krankheitsursachen beseitigt werden.

Nun sollen die Hauptunterschiede zwischen der Ernährung der Dritten Welt, wo diese Krankheiten am seltensten auftreten, und der Ernährung der westlichen Welt, wo sie am häufigsten verbreitet sind, aufgezeigt werden.
Eiweiß Zwar verbrauchen beide Gesellschaften in etwa die gleiche Menge. Im Westen wird jedoch größtenteils tierisches Eiweiß, in der Dritten Welt hauptsächlich pflanzliches Eiweiß verzehrt. Wir im Westen essen mehr Fleisch, Eier und Käse, dagegen weniger Hülsenfrüchte und Gemüse.
Kohlenhydrate Im Westen liegt der Verbrauch wesentlich niedriger. Die Kohlenhydrate stammen hier meist von Zucker (pur oder als Bestandteil von Kuchen usw.), weniger dagegen von Stärke, die in Getreiden, Wurzelgemüsen und Hülsenfrüchte enthalten ist.
Fette Der Verbrauch – meist in Form von Butter, Margarine, Öl und in Fleisch verstecktem Fett – ist in reichen Ländern gegenwärtig dreimal so hoch wie in den Entwicklungsländern.
Ballaststoffe Hier besteht der Hauptunterschied zwischen westlichen Ländern und Dritter Welt: In den westlichen Ländern nimmt man nur ein Drittel bis ein Sechstel von der in der Dritten Welt verbrauchten Menge zu sich.

Unter Ballaststoffen versteht man die Substanzen, die die Zellwände und festen Bestandteile aller pflanzlichen Nahrungsmittel bilden. Bis vor etwa zehn Jahren wußte man wenig darüber. Und da die Ballaststoffe keinen Nährwert besitzen und ihre ungeheuer wichtigen Eigenschaften noch nicht erkannt waren, wurden sie bewußt entfernt, um unsere Nahrungsmittel in Beschaffenheit und Aussehen zu verbessern – wie man glaubte. Dem fiel vor allem der Weizen zum Opfer, aus dem die ballaststoffreiche Kleie ausgemahlen wurde, damit man Weißbrot herstellen konnte.
Ballaststoffe wirken dadurch auf das Verdauungssystem, daß sie den Darminhalt geschmeidiger machen, sein Volumen vergrößern und seine Beförderung durch den Darm beschleunigen. Auf diese Weise verhindern sie Verstopfung, die hauptsächlich auf das Fehlen von Getreide-Ballaststoffen zurückzuführen

ist. Darüber hinaus haben Ballaststoffe einen großen Einfluß auf das bakterielle Darmmilieu und starke Auswirkungen auf den Stoffwechsel und die Nährstoffabsorption im Darm. Vieles spricht dafür, daß sie aufgrund ihrer Funktionen Schutz gegen die oben angeführten Krankheiten bieten. Einige dieser Krankheiten werden allerdings auch durch übermäßigen Fett- und Zuckerkonsum mitverursacht. Deshalb ist es grundsätzlich richtig, darauf zu achten, daß eine ballaststoffreiche Ernährung fast immer von niedrigem Fettverbrauch begleitet ist.

Wir haben also konkrete Anhaltspunkte dafür, wie wir einige der verhängnisvollen Ernährungsfehler, die in den westlichen Ländern während der letzten beiden Jahrhunderte begangen wurden, rückgängig machen können. Dabei dürfen wir uns jedoch nicht auf einen Einzelaspekt beschränken. Eine verbesserte Ernährung verlangt folgende Veränderungen: Am wichtigsten ist meiner Meinung nach, den Verzehr von Ballaststoffen zu steigern, vor allem von solchen, die aus Getreide stammen, da sie Verstopfung am wirkungsvollsten bekämpfen. Gleichzeitig ist der Konsum von Fett und Zucker zu verringern. Und schließlich sollte man die Salzzufuhr einschränken, da immer mehr auf einen Zusammenhang von Salz und hohem Blutdruck hindeutet. Eine allgemeine Faustregel, die im Einklang mit den Ergebnissen der westlichen Ernährungswissenschaft steht, rät den Industrienationen, den Konsum von Kohlenhydraten und Ballaststoffen zu verdoppeln, den Zuckerverbrauch um die Hälfte und den Fettverbrauch um ein Drittel zu senken. (Eine weitere Einschränkung des Fettverbrauchs wäre zwar vorteilhaft, aber für den Gaumen unannehmbar.) Auf den nächsten Seiten werden ausführlichere Hinweise gegeben, die mit den Nährwert-Analysen der Rezepte in diesem Buch in Verbindung stehen.

Als Verfechter einer ballaststoffreichen Ernährung werde ich oft gefragt, wie man denn mehr Ballaststoffe in die täglichen Mahlzeiten einbeziehen könne. Leider kann ich nur empfehlen, mehr Vollkornbrot, ballaststoffreiche Frühstücksflocken, Hülsenfrüchte, Wurzelgemüse und braunen Reis zu essen. Mir fehlen die Fachkenntnisse, um darüber hinaus genauere Ratschläge für die Küche zu geben. In diesem Buch jedoch finden Sie die Antwort. Es bietet eine breite Palette ballaststoffreicher Gerichte, mit denen sich die beschriebenen Forderungen eines Ernährungswandels in die Praxis umsetzen lassen. Außerdem wird hier der Beweis angetreten, daß die ballaststoffreiche Küche preiswert, vielfältig und vor allem köstlich sein kann.

Ballaststoffreiche Ernährung planen

Die Rezepte in diesem Buch sind entwickelt worden, um Ihnen dabei zu helfen, den Ballaststoffgehalt Ihrer Ernährung zu erhöhen. Das soll nicht nur dadurch erreicht werden, daß Sie dem ausgemahlenen Getreide die Kleie wieder hinzufügen, sondern auch durch den Verzehr einer breiten Palette von Nahrungsmitteln mit hohem natürlichen Ballaststoffgehalt. Auch andere Erkenntnisse der modernen Ernährungswissenschaft wurden so weit wie möglich einbezogen: Bei den meisten Rezepten werden weniger Fleisch, Fett und Zucker verwendet als in vergleichbaren Rezepten anderer Kochbücher. Jedes Rezept enthält die Angabe des Energiewerts, des Fett- und des Ballaststoffgehalts. Die Zahlen sind nicht hundertprozentig exakt, sie vermitteln aber über diese wichtigen Bestandteile eine ungefähre Vorstellung vom Nährwert jedes einzelnen Rezepts.
Wenn Sie Dr. Burkitts Empfehlungen für eine gesündere Ernährung folgen wollen, gilt es einige Punkte zu beachten:

Ballaststoffe
Der durchschnittliche Ballaststoffverzehr im Westen beträgt etwa 20 g täglich. Viele Forscher halten einen Wert von 30–35 g für besser. Achten Sie darauf, daß Sie außer den Ballaststoffen aus den Rezepten dieses Buches noch weitere Ballaststoffe durch Ihre sonstige Ernährung zu sich nehmen. Zum Beispiel mit Vollkornbrot, 1 Scheibe von 50 g enthält etwa 4 g, Weißbrot dagegen nur 1 g. Andere Nahrungsmittel auf Getreidebasis, Hülsenfrüchte, Gemüse und Obst, die die Mahlzeiten begleiten, erhöhen ebenfalls die Ballaststoffzufuhr. Zum Beispiel enthalten 20 g Weizenkleie 5 g Ballaststoffe; 50 g weiße Bohnen enthalten 4 g, 75 g frischer Spinat 6 g und 25 g getrocknete Pflaumen 5 g Ballaststoffe.

Fette
Die meisten von uns essen mehr Fett als sie wirklich brauchen. Gegenwärtig gilt als Richtwert, daß wir nur ein Drittel des Energiebedarfs durch Fett decken sollen. Bei mäßiger Bewegung bedeutet dies weniger als 100 g Fett täglich für Frauen, etwa 120 g täglich für Männer. Mit Hilfe der Angaben bei den Rezepten können Sie kontrollieren, ob Sie zuviel Fett verbrauchen. Beachten Sie, daß Sie auch mit anderen Nahrungsmitteln Fett zu sich nehmen: ¼ l Vollmilch enthält etwa 8,7 g Fett, ein Teelöffel Butter oder Margarine enthält 5 g. Einige Rezepte – vor allem die Kuchen, Pies und Pasteten – haben einen verhältnismäßig hohen Fettgehalt und somit Energiewert. Sie sollten wirklich nur bei besonderen Anlässen auf den Tisch kommen.

Energiewert
Beim Energiebedarf gibt es zwischen den einzelnen Menschen gewaltige Unterschiede. Mit der Abmagerungsdiät des einen würde sein Nachbar vielleicht zunehmen. Wenn Sie abnehmen oder Ihr Gewicht halten wollen, aber leicht Pfunde ansetzen, dann sollten Sie sich an die Rezepte mit den niedrigsten Energiewerten halten.
Die meisten Schlankheitsdiäten erlauben täglich zwischen 1000 und 1500 Kalorien/4200 und 6300 Joule. Nach dieser Rechnung sollten Ihre drei täglichen Hauptmahlzeiten jeweils etwa 300–400 Kalorien/1260–1680 Joule enthalten, damit zwischendurch noch ein Spielraum für Milchmixgetränke und Obst bleibt. Gleichen Sie ein üppiges Gericht durch ein kalorienärmeres bei der nächsten Mahlzeit aus. Ballaststoffreiche Ernährung wird Ihnen dabei helfen, Ihr Schlankheitsprogramm durchzuhalten; die Mahlzeiten sind sättigend und halten länger vor. Einige der Portionen sind großzügig bemessen. Möglicherweise genügt Ihnen eine geringere Menge, so daß Sie die Energiezufuhr sogar noch weiter einschränken können.

Grundsätzliches zum Kochen mit Ballaststoffen

Wie läßt sich ballaststoffreiche Ernährung in Ihr ausgefülltes Familienleben einbeziehen? Ganz leicht, ist die Antwort. Niemand verlangt von Ihnen, daß Sie sich bei allem, was Ihnen schmeckt, radikal umstellen. Sie brauchen nicht völlig auf Fleisch zu verzichten, nicht einmal auf Desserts. Alle diese Herrlichkeiten dürfen Sie weiterhin genießen – wenn auch in Maßen.
Sie müssen nur andere Schwerpunkte setzen: Gewöhnen Sie sich daran, mehr ballaststoffreiche Nahrungsmittel zu essen und weniger zucker- und fettreiche.
Vor allen Dingen: Backen Sie grundsätzlich nur noch mit Vollkornmehl – eine ganz einfache, aber wichtige Umstellung, denn Vollkornmehl enthält noch sämtliche wertvollen Ballaststoffe.
Wenn es irgendwie möglich ist, sollten Sie Ihr Brot selbst backen. Wer wenig Zeit hat, verwendet dabei Natron, dann braucht der Teig nicht zu ruhen und aufzugehen. Essen Sie mehr Brot mit weniger Fett darauf. Ersetzen Sie Butter oder Margarine durch fettarmen Brotaufstrich und tragen Sie ihn nicht so dick auf. Selbstgebackenes Vollkornbrot schmeckt so gut, daß Sie das Fett gar nicht vermissen werden.

Gewöhnen Sie sich an, wirklich alle Kuchen, Pies und Pasteten aus Vollkornmehl zu backen. In den folgenden Kapiteln finden Sie dazu verschiedene Teigrezepte. Probieren Sie alle durch und übernehmen Sie eines davon, das Ihnen am leichtesten von der Hand geht, als Grundrezept. Mischen Sie dann die verschiedenen Füllungen, wandeln Sie sie ab und kombinieren Sie den Grundteig mit der Lieblingsfüllung Ihrer Familie. Vollkorngebäck wird für Sie eine neue Erfahrung bedeuten. Es ist etwas schwerer als Gebäck aus Weißmehl und geht nicht so stark auf. Aber es besitzt einen köstlichen, nußähnlichen Geschmack, der zu Süßem ebenso gut paßt wie zu Pikantem. Teige aus Vollkornmehl reißen leicht, wenn man sie ausrollt. Ein kleiner Trick: Legen Sie den Teig zum Ausrollen zwischen Folie oder Pergamentpapier.
Reichen Sie zu Frühstücksflocken statt Milch auch einmal fettarmen Joghurt oder ungesüßte Fruchtsäfte; mit getrocknetem oder frischem Obst wird eine Art Müsli daraus. Kleieprodukte sind auch sonst vielseitig verwendbar: zum Binden pikanter Gerichte, zum Bestreuen von Aufläufen aus Gemüse und Nudeln, als Beigabe zu Mixgetränken aus Joghurt und Obst und in Brot, Kuchen und Pies. (Sie können auf 450 g Vollkornmehl bis zu 50 g Kleie beimischen.)
Stellen Sie sich auf braunen Reis und auf Vollkorn-Teigwaren um, Sie können sie als Spaghetti, Makkaroni oder in anderer Form kaufen. Diese Produkte müssen etwas länger gekocht werden als weißer Reis und Weißmehlnudeln, sind jedoch reicher an Ballaststoffen und sättigen mehr, so daß Sie sogar weniger davon essen und doch gesättigt sind.
Keine Angst vor Nudeln und Reis, sie machen nicht dick. Die Gefahr lauert vielmehr in den Beilagen. Gemüse- und Geflügelsaucen zum Beispiel enthalten weniger Fett als Sahnesaucen und solche mit dunklem Fleisch. Außerdem schmecken sie besonders gut zu Vollkornnudeln und braunem Reis.
Verwenden Sie Vollkornmehl, Vollweizengrieß oder Weizenkleie zum Binden von Saucen, Fonds und Eintöpfen und auch für Obstpürees und Säfte. Sie verleihen den Speisen einen leicht nußartigen Geschmack, den Sie bald schätzen werden.
Bringen Sie Gemüse und Obst möglichst ungeschält auf den Tisch. Wurzelgemüse und Kartoffeln brauchen Sie nur gründlich unter fließendem Wasser abzubürsten, lediglich für Kartoffelbrei müssen Kartoffeln geschält werden. Also: weniger Arbeit, mehr Ballaststoffe. Sogar bei Obstsalat sollten Sie Früchte wie Äpfel, Birnen und Pfirsiche nicht schälen.
Planen Sie etwa dreimal in der Woche ein Gericht mit Hülsenfrüchten ein. Das Angebot an getrockneten Erbsen, Bohnen und Linsen ist ungeheuer vielfältig und reicht von den hellroten, kleinen Adukibohnen bis zu den runden, haselnußgroßen Kichererbsen. Sie enthalten alle viel Eiweiß und Ballaststoffe und können für Suppen, Aufläufe, Eintöpfe und Salate verwendet werden.
Sie können den Fleischverbrauch senken, ohne daß es auffällt, wenn Sie die Gerichte mit Hülsenfrüchten, Gemüsen, Vollkornnudeln und braunem Reis anreichern. Fleisch ist nicht nur teuer, sein Fettgehalt ist auch trügerisch hoch. Sogar mageres Fleisch enthält versteckte Fette.

Hackfleisch oder gewürfeltes Fleisch sollte in einer guten Pfanne fettfrei angebraten werden, damit das Fleischfett ausbrät. Gießen Sie es ab, bevor Sie das Gemüse oder die anderen Zutaten zufügen.
Eine erstklassige Bratpfanne ist sicher die lohnendste Investition in der Küche. Sie können damit ohne Fett Gemüse für Suppen und Eintöpfe anbraten, Zwiebeln, Pilze und Tomaten dünsten und so wirklich Energie einsparen. Sie können Pfannkuchen und Pizzas aus Vollkornmehl, Kartoffelpuffer und andere schnelle Pfannengerichte ohne Fettzugabe zubereiten. Wenn Ihre Pfanne nicht ganz ohne Fett auskommt, reiben Sie sie vor Gebrauch nur ganz dünn ein.
Wieviel Salz verwendet wird, ist eine Frage des Geschmacks, aber auch der Gesundheit. Beschränken Sie es in Ihrer Küche auf ein absolutes Minimum und versuchen Sie, Ihre Familie davon abzuhalten, bei Tisch nachzusalzen.
Prüfen Sie sorgfältig alle Milchprodukte und wählen Sie solche aus, die am wenigsten Fett enthalten. Zwischen Magermilch und Vollmilch besteht ein himmelweiter Unterschied im Fett- und Energiegehalt.
Unendlich viel anfangen läßt sich mit fettarmem Joghurt, den Sie mit Milchpulver und Wasser auch selbst herstellen können (mit Magermilch erzielt man keine zufriedenstellenden Ergebnisse). Bereiten Sie aus Joghurt und ungesüßten Fruchtsäften Salatmarinaden zu, die wesentlich leichter und gesünder sind als stark ölhaltige Saucen. Verwenden Sie Joghurt bei Suppen, Saucen und Desserts anstelle von Sahne. Und reichen Sie Joghurt mit püriertem Obst als köstliche Nachspeise, die keine weitere Ergänzung braucht.
Wenn Sie Ihre Vollkornkuchen selbst backen, können Sie den Gehalt an Ballaststoffen, Fett und Zucker genau kontrollieren. Trockenfrüchte in Kuchen und Nachspeisen sorgen für Süße und für Ballaststoffe – genau das, worauf es ankommt. Behalten Sie üppige Kuchen und Puddings seltenen Anlässen vor; für den Alltag genügt einfacheres, schlichteres Gebäck. Genau darin besteht die geforderte Verlagerung der Schwerpunkte. Was man nur selten bekommt, wird dann zu einem um so größeren Vergnügen und Genuß.

Insgesamt werden Sie herausfinden, daß eine ballaststoffreiche Ernährung keine Qual ist – anders als so viele andere Diäten. Ganz das Gegenteil ist der Fall, denn alle Zutaten behalten ihr köstliches, natürliches Aroma. Nur noch ein warnendes Wort: Verfallen Sie nicht dem Irrtum zu glauben, wenn Sie nur einem Gericht ein paar Ballaststoffe in Form von Weizenkleie zufügen, dann komme es auf die restlichen Zutaten nicht so an. Dem ist nicht so! Sie brauchen zwar Ballaststoffe, aber kein überflüssiges Fett oder Zucker. Holen Sie sich Ihre Energie und Lebenskraft auf natürliche Weise aus den wertvollen, fettarmen Nahrungsmitteln. Wie die folgenden Rezepte zeigen, stehen davon eine Menge zur Auswahl.

Frühstück

Das Frühstück kommt wahrscheinlich von allen Mahlzeiten am schlechtesten weg. Um pünktlich zur Arbeit oder Schule zu kommen, stürzen viele Menschen nur zwischen Tür und Angel schnell eine Tasse Kaffee oder Tee hinunter.
Dabei brauchen Sie nur ein bißchen früher aufzustehen, um sich ein hochwertiges, nährstoffreiches Frühstück zu gönnen, das Sie den ganzen Vormittag über aktiv und fit erhält. Nach einem guten, sättigenden Frühstück kommen Sie auch nicht so leicht in Versuchung, vor dem Mittagessen überflüssige Zwischenmahlzeiten einzuschieben; Schüler werden am Vormittag weniger Gelüste auf Schokolade und andere Süßigkeiten verspüren.
Mit Frühstücksflocken läßt sich der Tag gut beginnen, vor allem, wenn die Zeit knapp ist. Sie liefern lebenswichtige Vitamine und sind schnell und mühelos angerichtet. Untergemischte Weizenkleie und frisches Obst oder Trockenfrüchte machen daraus ein leckeres, ballaststoffreiches Frühstück. Die Zubereitung ist so einfach, daß hier nur wenige Rezepte aufgenommen wurden, die Sie zu eigenen Kreationen anregen sollen.
Bringen Sie auch fettarmen Joghurt, Quark, Frischkäse oder ungesüßte Fruchtsäfte mit Getreideflocken und Obstsalat auf den Tisch. Oder stellen Sie aus Milchpulver Ihren eigenen fettarmen Joghurt her (s. Seite 14); er schmeckt herrlich mit frischen oder getrockneten Früchten oder püriertem Obst.
Am Abend zubereitete Obstsalate sparen morgens kostbare Zeit. Gut gekühlt sind sie noch erfrischender. Auch das können Sie schon am Abend vorbereiten: Pürieren Sie Obst mit Joghurt im Mixer und fügen Sie Weizenkleie hinzu. Dieses Frühstück ist ideal für Leute, die morgens wenig Zeit haben oder die als erste Mahlzeit nichts Handfestes zu sich nehmen können.
Früchte enthalten mehr Ballaststoffe als Fruchtsäfte.
Eine halbe Grapefruit und etwas Vollkorntoast bilden ein einfaches Alltagsfrühstück mit einem ansehnlichen Gehalt an Ballaststoffen.
Backen Sie zur Abwechslung eine Wochenration Vollkornkekse oder -knäcke, belegen Sie sie mit in Scheiben geschnittenem Obst, schmeckt köstlich! Oder rollen Sie eine vorbereitete Teigportion für Vollkorngebäck aus, das dann nur 10 Minuten zum Backen braucht und warm gegessen wird – einmal etwas anderes!
Reichen Sie zu Toast, Keksen oder Gebäck fettarmen Brotaufstrich oder Frischkäse und ein Schälchen mit dickem Obstpüree.
Wenn Sie gelegentlich ausgiebig und üppig frühstücken wollen, sollten Sie Gegrilltes allem Gebratenen vorziehen und lieber Champignons und Tomaten statt Eier mit Speck essen. Möchten Sie dennoch etwas braten, verwenden Sie eine Pfanne, in der Sie ohne zusätzliches Fett braten können.

Nuß-Aprikosen-Flocken

4 Personen
Pro Portion: 170 Kal/714 Joule,
5 g Fett, 11 g Ballaststoffe

100 g Weizenkleie
25 g Haferflocken
25 g Rosinen
50 g getrocknete Aprikosen, gewürfelt
25 g Walnüsse, grob gehackt

Dazu reichen
Ungesüßten Apfelsaft

Alle Zutaten miteinander vermischen und mit gut gekühltem Apfelsaft servieren.

Tip Die Mischung läßt sich in einem Schraubglas gut aufbewahren. Apfelsaft kann durch Magermilch, fettarmen Joghurt oder andere ungesüßte Fruchtsäfte ersetzt werden.

Dattel-Apfel-Flocken

Foto Seite 16

4 Personen
Pro Portion: 140 Kal/588 Joule,
2 g Fett, 9 g Ballaststoffe

100 g Weizenkleie
25 g Haferflocken
50 g Datteln, entkernt, gewürfelt
2 Äpfel, entkernt und gerieben
fettarmen Joghurt

Datteln, Haferflocken und Kleie vermischen. Dies kann auch vorbereitet werden. Vor dem Servieren die geriebenen Äpfel unterrühren und mit dem gut gekühlten Joghurt vermischen.

Tip Die Mischung läßt sich in einem verschlossenen Glas gut aufbewahren. Reichen Sie dazu ungesüßte Fruchtsäfte oder Magermilch.

Frischobst-Nuß-Joghurt

6 Personen
Pro Portion: 145 Kal/610 Joule,
5 g Fett, 4 g Ballaststoffe

50 g kernlose weiße Trauben
1 Orange, filetiert
2 Äpfel, gerieben
2 Bananen, in Scheiben geschnitten
1 EL Zitronensaft
15 g Cashewkerne
25 g Haselnüsse
40 g Rosinen
100 g Weizenkleie
2 EL Weizenkeime
275 ml fettarmer Joghurt

Dazu reichen
Ungesüßten Traubensaft

Trauben und Orangenfilets vermischen. Zitronensaft über die geriebenen Äpfel und die Bananenscheiben träufeln. Alle Früchte, die Nüsse und die Rosinen miteinander vermischen, anschließend Kleie und Weizenkeime unterziehen. Kurz vor dem Servieren den gut gekühlten Joghurt unterrühren. Dazu Traubensaft oder andere ungesüßte Obstsäfte reichen.

Apfel-Frischkäse

4 Personen
Pro Portion: 222 Kal/932 Joule,
7 g Fett, 3 g Ballaststoffe

500 g körniger Frischkäse
150 g fettarmer Joghurt
3 Äpfel, gerieben
40 g Rosinen, vorgequollen
1 EL Honig (nach Belieben)

Frischkäse und Joghurt verrühren, die geriebenen Äpfel und die Rosinen untermischen. Nach Belieben mit Honig süßen, gut gekühlt servieren.

Nuß-Trockenfrüchte-Flocken

6 Personen
Pro Portion: 245 Kal/1030 Joule,
8 g Fett, 10 g Ballaststoffe

75 g Weizenkleie
25 g Haferflocken
25 g Rosinen
15 g Sultaninen
25 g getrocknete Aprikosen, gewürfelt
15 g getrocknete Apfelringe, klein geschnitten
25 g Datteln, entkernt, gewürfelt
25 g Walnüsse, grob gehackt
15 g Cashewkerne

Dazu reichen
Fettarmen Joghurt

Garnitur
2 EL Kokosflocken (nach Belieben)

Kleie, Haferflocken, Trockenfrüchte und Nüsse miteinander vermischen. Kurz vor dem Servieren den Joghurt unterrühren. Oder Joghurt gesondert dazu reichen, damit die Flocken knusprig bleiben. Geröstete Kokosflocken bilden dazu eine interessante Ergänzung.

Haferbrei
Englisches Originalrezept

4 Personen
Pro Portion: 100 Kal/420 Joule,
2 g Fett, 2 g Ballaststoffe

1 l Wasser
100 g Haferflocken
½ TL Salz

Wasser in einen Topf gießen, Haferflokken und Salz einstreuen und unter Rühren zum Kochen bringen. 4 Minuten köcheln lassen, dabei gelegentlich umrühren.

Hafersuppe

4 Personen
Pro Portion: 100 Kal/420 Joule,
2 g Fett, 2 g Ballaststoffe

1 l kochendes Wasser
½ TL Salz
100 g feines, mittelfeines oder grob gemahlenes Hafermehl

Das kochende Wasser in einen Topf gießen, Salz zufügen und nach und nach das Hafermehl einrühren. Bei Mittelhitze so lange rühren, bis die Mischung dick zu werden beginnt. Hitze herunterschalten und die Suppe 20 Minuten köcheln lassen, dabei gelegentlich umrühren.

Buchweizengrütze

4 Personen
Pro Portion: 283 Kal/1190 Joule,
5 g Fett, 1 g Ballaststoffe

½ l Milch
½ l Wasser
200 g Buchweizengrütze
Prise Salz
2 EL Honig

Milch und Wasser in einem ausreichend großen Topf zum Kochen bringen, Buchweizengrütze einrieseln lassen, eine Prise Salz zufügen, unter gelegentlichem Rühren zum Kochen bringen, bei schwacher Hitze 35 Minuten quellen lassen. Vor dem Servieren den Honig unterrühren.

Tip Wer die Buchweizengrütze pikant möchte, mischt statt des Honigs gehackte frische Kräuter darunter.

Joghurt

Ergibt 1 Liter
Je 275 ml: 170 Kal/714 Joule,
10 g Fett, 0 g Ballaststoffe

1 l Vollmilch (für fettarmen Joghurt mischt man Milchpulver mit Wasser, wie auf der Packungsaufschrift angegeben)
2 EL fettarmer Joghurt, aus eigener Herstellung oder fertig gekauft

Die Milch oder Milchpulver-Wasser-Mischung zum Kochen bringen und auf 43° C abkühlen lassen. Wenn man bei dieser Temperatur den Finger in die Flüssigkeit taucht, fühlt sie sich nicht mehr heiß an. Den Joghurt unterrühren und das Ganze in einen Thermosbehälter mit weiter Öffnung oder in eine Schüssel gießen. Thermosbehälter verschließen bzw. Schüssel zudecken und an einen warmen Ort stellen. Joghurtansatz 8–10 Stunden ruhen lassen. Der fertige Joghurt kann im Kühlschrank bis zu 7 Tagen aufbewahrt werden. Etwas davon für das nächste Ansetzen zurückbehalten.

Tip Verwenden Sie Joghurt als Sahneersatz, beim Backen, in Suppen, als Garnitur, für Mixgetränke (s. Seite 19–21) und als kleine Mahlzeit.

Gefüllte Grapefruits

Foto Seite 17

4 Personen
Pro Portion: 130 Kal/546 Joule,
3 g Fett, 6 g Ballaststoffe

8 getrocknete Pflaumen
8 EL ungesüßter Orangensaft
2 Grapefruits, halbiert
2 Orangen, geschält
25 g Walnüsse, gehackt

Pflaumen mindestens 1 Stunde im Orangensaft einweichen. Dann abtropfen lassen (Saft auffangen), halbieren und entsteinen.
Pflaumen mit dem in Stücke geschnittenen Fruchtfleisch der Grapefruits und der Orangen sowie dem Orangensaft mischen und kühl stellen.
Früchtegemisch in den ausgehöhlten Grapefruithälften oder in einer Schale anrichten. Mit gehackten Nüssen bestreuen.

Tip Wer sich an den herben Grapefruitgeschmack nicht gewöhnen kann, der mischt pro Portion 1 EL Rosinen unter das Früchtegemisch; die Rosinen läßt man vorher ca. ½ Stunde in dem Orangensaft quellen.

Müsli-Grundmischung

4 Personen
Pro Portion: 120 Kal/504 Joule,
2 g Fett, 4 g Ballaststoffe

75 g Haferflocken
15 g Weizenkleie
15 g Weizenkeime
25 g Knusperkleie

Die Mischung dieser Trockenzutaten ergibt 4 großzügig bemessene Portionen. Kombinieren Sie versuchsweise auch andere Getreidesorten.

Tip So läßt sich die Grundmischung täglich variieren: Einfach geriebenen Apfel, verschiedene frische oder getrocknete Früchte, Nüsse oder Gemüse hinzufügen. Dazu kalte Milch, ungesüßten Zitronen-, Orangen-, Apfel- oder Traubensaft oder fettarmen Joghurt reichen.
Geben Sie 25 g Leinsamen zur Grundmischung. Das erhöht den Ballaststoffgehalt und fördert die Verdauung.

Müsli mit frischem Obst

Foto Seite 16

6 Personen
Pro Portion: 150 Kal/630 Joule, 4 g Fett, 6 g Ballaststoffe

150 ml heißes Wasser
Saft von 1 Zitrone
50 g Rosinen
2 Äpfel
2 Bananen
1 Orange
50 g Trauben
1 Rezept Müsli-Grundmischung (s. Seite 14)
25 g gemischte Nüsse

Dazu reichen
Ungesüßten Orangen-, Apfel- oder Traubensaft

Rosinen mit dem Wasser und Zitronensaft übergießen und während der Vorbereitung der Früchte ziehen lassen.
Äpfel entkernen und in Scheiben schneiden, Bananen in Scheiben schneiden, Orange filetieren und Trauben entkernen. Mit den abgetropften Rosinen vermischen.
Müsli-Grundmischung in eine Schüssel geben, das Obst und die Nüsse zufügen und alles gut vermischen. Mit dem Obstsaft servieren.

Geröstetes Müsli

6 Personen
Pro Portion: 160 Kal/672 Joule, 8 g Fett, 3 g Ballaststoffe

1 Rezept Müsli-Grundmischung (s. Seite 14)
1 EL dünnflüssiger Honig
1 EL brauner Zucker
2 TL Pflanzenöl, z. B. Sonnenblumenöl
einige Tropfen Vanille-Aroma
50 g gemischte Nüsse, gehackt

Dazu reichen
Frisches oder getrocknetes Obst und noch mehr Nüsse

Backofen auf 180° C vorheizen.
Honig und Zucker in einen Topf geben und bei schwacher Hitze so lange rühren, bis sich der Zucker aufgelöst hat. Topf von der Kochplatte ziehen und die Müsli-Grundmischung einrühren.
Das Müsli auf einem Backblech verteilen und ca. 20 Minuten im Ofen rösten; dabei gelegentlich wenden, damit es gleichmäßig bräunt. Auf dem Blech auskühlen lassen. Mit frischem oder getrocknetem Obst und noch mehr Nüssen servieren.

Tip Geröstetes Müsli kann in einem Schraubglas aufbewahrt werden.

Nächste Seiten: Dattel-Apfel-Flocken (links, s. Seite 12), Müsli mit frischem Obst (Mitte), Gefüllte Grapefruits (rechts, s. Seite 14).

Grapefruit-Aprikosensalat

4 Personen
Pro Portion: 90 Kal/378 Joule,
0 g Fett, 8 g Ballaststoffe

100 g getrocknete Aprikosen, eingeweicht und abgetropft
2 Grapefruits, geschält und filetiert
2 Äpfel, entkernt und in dünne Scheiben geschnitten
Saft von 1 Orange

Die Aprikosen mit den Grapefruitfilets, den Apfelscheiben und dem Orangensaft vermischen. Zugedeckt kühl stellen.

Grapefruit-Marmelade

Ergibt ca. 4,5 kg
Pro EL: 10 Kal/42 Joule, kein nennenswerter Fett- und Ballaststoffgehalt

1,25 kg Grapefruits
2 Zitronen
1 TL Weinstein- oder Askorbinsäure
3,1 l Wasser
2,75 kg brauner Zucker

Grapefruits und Zitronen gründlich waschen oder abbürsten (besser unbehandelte Früchte verwenden), halbieren und entsaften. Das Fruchtfleisch herauslösen, die Schalen in dicke Streifen schneiden und die Kerne in ein Stück ausgekochten Musselin binden. Das Ganze mit der Säure und dem Wasser in einen Topf geben, zum Kochen bringen und etwa 2 Stunden köcheln lassen – oder so lange, bis die Schale weich und der Topfinhalt auf die Hälfte eingekocht ist. Das Säckchen mit den Kernen entfernen, dabei alle Flüssigkeit herauspressen.
Zucker zufügen und bei schwacher Hitze unter Rühren auflösen. Wieder zum Kochen bringen und dann unter häufigem Rühren so lange kochen, bis die Marmelade dick und dunkelbraun ist.
Garprobe Etwas Marmelade auf eine Untertasse geben und erkalten lassen. Zieht man einen Finger durch die Masse, müssen sich an der Oberfläche kleine Furchen bilden.
Im Topf noch etwa 15 Minuten abkühlen lassen, dann gut umrühren, um die Zitrusschalen gleichmäßig zu verteilen. In heiße Gläser füllen, mit Wachspapier und Klarsichtfolie verschließen oder Deckel daraufschrauben. Beschriften und an einem kühlen, trockenen Ort aufbewahren.

Tip Diese Marmelade enthält viel Zucker, also bitte sparsam verwenden. Dies gilt auch für andere eingemachte Köstlichkeiten, in denen meist viele Kalorien versteckt sind.
Orangen oder eine Mischung aus anderen Zitrusfrüchten eignen sich für diese Marmelade ebenso gut.

Obstsalat mit Datteln

4 Personen
Pro Portion: 190 Kal/798 Joule,
1 g Fett, 5 g Ballaststoffe

2 Grapefruits, geschält und filetiert
2 Orangen, geschält und filetiert
2 Bananen, in Scheiben geschnitten
6–8 Datteln, gewürfelt
425 ml fettarmer Joghurt
Prise Zimt (nach Belieben)

Die Früchte unter den Joghurt ziehen, zudecken und kühl stellen. Je nach Wunsch vor dem Servieren mit Zimt bestreuen.

Serviervorschlag
Gut dazu passen knusprige Kekse, wie feine Haferplätzchen (s. Seite 22).

Malztrunk

4 Personen
Pro Portion: 185 Kal/777 Joule,
4 g Fett, 5 g Ballaststoffe

4 EL Malzextrakt
575 ml fettarmer Joghurt, gut gekühlt
2 EL Weizenkleie
½ TL Muskat
25 Walnüsse, gehackt

Garnitur
1 Banane
1 EL Haferflocken

Malzextrakt mit Joghurt, Kleie und Muskat in einem Mixer gut durchmixen. Die gehackten Walnüsse unterrühren. Auf 4 Gläser oder Becher verteilen. Mit Bananenscheiben und Haferflocken garnieren.

Vitaminmix

4 Personen
Pro Portion: 140 Kal/588 Joule,
5 g Fett, 1–2 g Ballaststoffe

500 ml Kefir oder fettarmer Joghurt
225 ml Möhrensaft, frisch gepreßt, oder zwei junge Möhren, frisch geraspelt
125 ml Apfelsaft, frisch gepreßt
4 EL Zitronensaft
1 EL Honig (nach Belieben)

Alle Zutaten in einem Mixer vermischen, in Gläser verteilen und gut gekühlt servieren.

Apfel-Joghurt-Mix

4 Personen
Pro Portion: 130 Kal/546 Joule,
2 g Fett, 4 g Ballaststoffe

4 Äpfel
575 ml fettarmer Joghurt, gut gekühlt
½ TL Zimt
Muskatnuß, gerieben
1 EL Weizenkleie

Äpfel entkernen. 3 Äpfel in Scheiben schneiden und zusammen mit den anderen Zutaten im Mixer fein pürieren. Den zurückbehaltenen Apfel in kleine Stücke schneiden und unter das Mixgetränk rühren. In Becher oder Gläser füllen. Mit einer Prise Muskat und etwas Kleie bestreuen.

Orangen-Joghurt-Mix

4 Personen
Pro Portion: 140 Kal/588 Joule,
3 g Fett, 4 g Ballaststoffe

4 Orangen
575 ml fettarmer Joghurt, gut gekühlt
1 Ei
1 EL Weizenkleie

2 TL Orangenschale abreiben, dann die Orangen schälen und filetieren. Das Fruchtfleisch zusammen mit den anderen Zutaten in einem Mixer fein pürieren. In Becher oder Gläser füllen und mit der abgeriebenen Orangenschale bestreuen.

Trockenfrüchte-Joghurt-Mix
Foto gegenüber

4 Personen
Pro Portion: 60 Kal/252 Joule,
2 g Fett, 6 g Ballaststoffe

100 g gekochte Trockenfrüchte, z. B. Aprikosen, Pfirsiche und Birnen
575 ml fettarmer Joghurt, gut gekühlt
Prise gemahlene Nelken
1 Ei
1 EL Weizenkleie
25 g getrocknete Aprikosen, fein gewürfelt

Alle Zutaten außer den gewürfelten Aprikosen im Mixer fein pürieren. Die Aprikosen unterrühren. Das Mixgetränk in Becher oder Gläser verteilen und mit einer kleinen Prise gemahlene Nelken bestreuen.

Brombeer-Joghurt-Mix
Foto gegenüber

4 Personen
Pro Portion: 60 Kal/252 Joule,
1 g Fett, 7 g Ballaststoffe

275 ml pürierte Brombeeren (oder Himbeeren, Erdbeeren, schwarze Johannisbeeren)
275 ml fettarmer Joghurt, gut gekühlt
Saft von 1 Zitrone
1 EL Weizenkleie

Verzierung
Einige Brombeeren oder andere Beerenfrüchte, falls verfügbar

Alle Zutaten außer den ganzen Beeren im Mixer gut vermischen. Das Getränk in Gläser oder Becher füllen und mit den ganzen Beeren verzieren. Nach Belieben mit noch mehr Kleie bestreuen.

Bananen-Joghurt-Mix
Foto gegenüber

4 Personen
Pro Portion: 140 Kal/588 Joule,
3 g Fett, 3 g Ballaststoffe

575 ml fettarmer Joghurt, gut gekühlt
2 große Bananen
1 Ei
1 EL Weizenkleie, dazu noch etwas Weizenkleie zum Bestreuen

Alle Zutaten im Mixer fein pürieren. In Becher oder Gläser füllen und mit etwas Kleie bestreuen.

Brombeer-Joghurt-Mix (unten), Trockenfrüchte-Joghurt-Mix (oben), Bananen-Joghurt-Mix (rechts).

Haferkekse

Ergibt 8 Kekse
Je Keks: 220 Kal/924 Joule,
9 g Fett, 3 g Ballaststoffe

225 g Haferflocken
100 g Weizen-Vollkornmehl
½ TL Salz
1 TL Backpulver
50 g Margarine
kaltes Wasser für den Teig
Haferflocken

Backofen auf 180° C vorheizen. Backblech fetten.
Haferflocken, Mehl, Salz und Backpulver vermischen. Margarine unterreiben, alles mit so viel kaltem Wasser verkneten, daß ein fester Teig entsteht.
Einige Haferflocken auf eine leicht bemehlte Fläche streuen, den Teig darauflegen und leicht durchkneten. Etwa 6 mm dick ausrollen. In 8 Stücke schneiden, auf das Backblech legen und 25 Minuten backen, bis die Kekse goldbraun sind. Auf dem Blech kurz abkühlen lassen, dann auf ein Kuchengitter legen.

Feine Haferplätzchen

Foto Seite 25

Ergibt 16 Plätzchen
Je Plätzchen: 110 Kal/462 Joule,
5 g Fett, 1 g Ballaststoffe

100 g Weizen-Vollkornmehl
Prise Salz
1 TL Backpulver
65 g Margarine
175 g mittelfeines oder grob gemahlenes Hafermehl
40 g brauner Zucker
1 Ei, leicht verquirlt

Backofen auf 180° C vorheizen. Backblech fetten.
Mehl zusammen mit Salz und Backpulver durchsieben, im Sieb zurückbleibende Kleie wieder zufügen. Margarine darunterreiben, bis eine feinbröselige Mischung entsteht. Hafermehl und Zucker untermischen und das Ganze mit dem Ei binden. Zu einem glatten Teig kneten. Auf einer leicht bemehlten Fläche 6 mm dick ausrollen und 6,5 cm große, runde Plätzchen ausstechen. Auf das Backblech legen und 15–20 Minuten backen, bis die Plätzchen goldbraun und knusprig sind. Etwas abkühlen lassen, dann auf ein Kuchengitter legen.

Tip Reichen Sie die Plätzchen zur Abwechslung anstelle von Toast. Sie schmecken besonders gut zu frischen Orangen oder zu Kompott aus Trockenfrüchten (s. Seite 28).

Haferpfannkuchen

Ergibt 8 Pfannkuchen
Je Pfannkuchen: 130 Kal/546 Joule,
3 g Fett, 3 g Ballaststoffe

50 g Weizen-Vollkornmehl
Prise Salz
50 g Haferflocken
1 Ei
15 g brauner Zucker
275 ml Milch
1 EL zerlassene Margarine
4 Äpfel
Saft von 1 Zitrone
3 EL Datteln, klein geschnitten

Mehl mit Salz und Haferflocken vermischen. In einer zweiten Schüssel Ei, Zucker, Milch und zerlassene Margarine gut durchschlagen. Mehlmischung einrühren. 30 Minuten ruhen oder zugedeckt über Nacht stehen lassen und vor Gebrauch noch einmal durchschlagen.
Pfanne erhitzen (falls nötig, mit etwas Öl einpinseln). In die heiße Pfanne gera-

de nur so viel Teig geben, daß der Pfannenboden dünn bedeckt ist. Pfanne drehen, damit sich der Teig gleichmäßig verteilt. Pfannkuchen backen, bis die Oberfläche Blasen wirft, dann wenden und auch auf der anderen Seite goldbraun backen. Auf einem vorgewärmten Teller warm stellen, bis der restliche Teig verbacken ist.
Äpfel entkernen, in Scheiben schneiden und mit Zitronensaft beträufeln, damit sie nicht braun werden. Die Pfannkuchen mit den Äpfeln und den kleingeschnittenen Datteln füllen und zusammenrollen. Heiß servieren.

Kleine Apfelpfannkuchen

4 Personen
Pro Portion: 205 Kal/861 Joule,
11 g Fett, 3 g Ballaststoffe

75 g Weizen-Vollkornmehl
1 TL Weinstein
½ TL Salz
½ TL Natron
¼ TL Zimt
2 EL Pflanzenöl
1 Ei
150 ml Milch
25 g brauner Zucker
2 Äpfel, entkernt und kleinwürfelig geschnitten

Dazu reichen
Fettarmen, körnigen Frischkäse und Apfelscheiben oder Orangenspalten

Das Mehl zusammen mit dem Weinstein, Salz, Natron und Zimt durchsieben, die im Sieb zurückbleibende Kleie wieder zufügen. Das Öl und das Ei, dann die Milch und den Zucker unterschlagen.
Eine schwere Pfanne erhitzen (wenn nötig, mit etwas Öl einpinseln). Die Apfelstückchen unter den Teig rühren. Den Teig löffelweise in großen Abständen in die heiße Pfanne geben, auf jeder Seite 1 Minute backen oder so lange, bis die Pfannkuchen goldbraun sind und Blasen werfen.
Noch warm mit Frischkäse und Apfelscheiben oder Orangenspalten servieren.

Roggenknäcke

Ergibt 20 Scheiben
Je Scheibe: 55 Kal/231 Joule,
2 g Fett, 1 g Ballaststoffe

200 g Roggenmehl Type 1150
25 g Weizenkleie
½ TL Salz
50 g Margarine
2 EL Milch
2 EL Wasser

Backofen auf 200° C vorheizen. 2–3 große Backbleche fetten.
Mehl, Kleie und Salz in eine Schüssel geben und die Margarine unterreiben, bis eine feinbröselige Mischung entsteht. Mit Milch und Wasser schnell zu einem festen Teig verarbeiten.
Auf einer leicht bemehlten Fläche glattkneten, dann etwa 3 mm dick ausrollen. In 8 cm große Quadrate schneiden und auf die Backbleche legen. Den Teig mit einer Gabel überall gut einstechen, damit er nicht aufgeht.
10–12 Minuten backen, bis das Brot gerade beginnt, an den Rändern hellbraun zu werden. Die Oberfläche nicht bräunen lassen. Auf dem Blech leicht abkühlen lassen, dann auf ein Kuchengitter legen.

Knusperkuchen mit Rührei

Foto gegenüber

4 Personen
Pro Portion: 180 Kal/756 Joule,
8 g Fett, 7 g Ballaststoffe

150 ml Milch
5 Eier
75 g Weizenkleie
25 g Weizen-Vollkornmehl
½ TL Salz
etwas Margarine
frisch gemahlener schwarzer Pfeffer
2 große Tomaten, enthäutet und gewürfelt, oder 2 Anchovisfilets, klein geschnitten

Garnitur
4 Stengel Petersilie (nach Belieben)

Backofen auf 220° C vorheizen. Backblech fetten.
Für die Knusperkuchen die Milch mit 1 Ei und der Kleie verrühren und etwa 10 Minuten stehen lassen, bis die Flüssigkeit aufgesogen ist. Mehl und Salz einrühren. 4 flache, runde Kuchen formen und auf das Backblech setzen. In 20–25 Minuten knusprig backen.
Inzwischen die Margarine in einer Pfanne zerlassen. Die restlichen Eier verquirlen, salzen und pfeffern und die Tomaten oder Anchovisfilets unterrühren (bei der Verwendung von Anchovis das Salz weglassen). Eier auf schwacher Hitze garen, dabei mit einem Holzlöffel ständig umrühren.
Die Knusperkuchen auf einer vorgewärmten Platte anrichten. Die Rühreier daraufgeben, nach Wunsch mit Petersilie garnieren und sofort servieren.

Vollkorngebäck

Foto gegenüber

4 Personen
Pro Portion: 270 Kal/1134 Joule,
9 g Fett, 7 g Ballaststoffe

25 g Weizenkleie
4 EL Milch, zusätzlich etwas Milch zum Bestreichen
225 g Weizenmehl, Type 1050
½ TL Salz
25 g Butter
1 Ei

Backofen auf 220° C vorheizen. Backblech fetten.
Kleie mit der Milch verrühren und etwa 10 Minuten ziehen lassen, bis die Flüssigkeit aufgesogen ist. Mehl und Salz vermischen und Butter darunterreiben, bis eine feinbröselige Mischung entsteht.
Ei unter die Kleiemischung rühren, das Ganze zum Mehl geben und rasch zu einem Teig verarbeiten.
Den Teig leicht kneten und zu einem runden Kuchen von etwa 18 cm ∅ formen. Auf der Oberfläche 8 Stücke einritzen und mit Milch bestreichen. Auf das Backblech setzen und 10–12 Minuten backen.
Noch warm mit Frischkäse und Sultaninen oder Rosinen servieren.

Tip Der Teig kann am Vorabend zubereitet werden, so daß Sie zum Frühstück ganz frisches Gebäck servieren können. Den geformten Teig kurz vor dem Backen mit Milch bestreichen, wie oben beschrieben backen.

Feine Haferplätzchen (links, s. Seite 22), Vollkorngebäck (oben), Knusperkuchen mit Rührei (rechts).

Belegte Brote

Schnell zubereitet und ebenso schnell gegessen sind belegte Brote. Daher sind sie als nahrhaftes Frühstück willkommen, egal ob Sie nun selbstgebackenes oder fertig gekauftes Knäckebrot oder auch Vollkornbrot als Grundlage verwenden. Der Aufstrich oder Belag kann schon am Vorabend zubereitet werden, belegen Sie die Brote jedoch erst kurz vor dem Servieren damit, sonst werden sie weich.

Magerquark
Er läßt sich mit vielerlei Zutaten in eine Reihe leckerer Brotaufstriche verwandeln. Mischen Sie püriertes Obst darunter und garnieren Sie ihn mit frischen Früchten oder kombinieren Sie ihn mit irgendeiner der folgenden Zutaten:

- Orangenmarmelade mit Schalenstükken, mit Orangenspalten garnieren.
- Kleingeschnittene Datteln und Bananen, mit Apfelscheiben, in Zitronensaft getaucht, anrichten.
- Sultaninen oder Rosinen, mit Kokosflocken bestreuen.
- Feingewürfelte, getrocknete Aprikosen, mit gehackten Walnüssen garnieren.
- Kleingeschnittene Datteln und geriebene Möhren, mit dünnen Möhrenscheibchen verzieren.
- Gehackte Minze, mit einer Reihe von Orangenfilets garnieren.
- Apfelstückchen und geriebene Möhren, mit geriebenen Möhren bestreuen.
- Fettarmer Joghurt und geriebener Edamer, Prise Cayennepfeffer zufügen, mit Tomatenscheiben belegen.
- Fettarmer Joghurt und zerdrückte Banane, mit halbierten Walnüssen oder Pekannüssen garnieren.
- Fettarmer Joghurt und frische Ananas, mit Apfelscheiben, in Zitronensaft getaucht, belegen.

Kartoffelpuffer

4 Personen
Pro Portion: 85 Kal/357 Joule,
3 g Fett, 3 g Ballaststoffe

1 kg Kartoffeln, geschält oder abgebürstet
2 EL Weizen-Vollkornmehl
1 EL Weizenkleie
2 TL Senfpulver
1 kleine Zwiebel, gerieben
Salz und frisch gemahlener schwarzer Pfeffer
2 Eier, verquirlt

Kartoffeln mindestens 30 Minuten in kaltem Wasser einweichen, reiben und jegliche Flüssigkeit auspressen. Mehl, Kleie, Senfpulver und Zwiebel unterrühren, salzen und pfeffern und dann die Eier einrühren. (Bis hierher können Sie die Mischung am Vorabend vorbereiten.)
Eine schwere Pfanne erhitzen (wenn nötig, leicht mit Öl einpinseln). Den Teig löffelweise in die heiße Pfanne geben und gleichmäßig verstreichen. Wenn die Unterseite gebräunt ist, wenden und von der anderen Seite bräunen.

Serviervorschlag
Reichen Sie dazu gegrillte Tomaten, Champignons, Fisch oder fettarmen, körnigen Frischkäse.
Wer das Kartoffelpuffer-Frühstück noch nicht so kräftig mag, ißt dazu ungesüßtes Apfelmus oder Joghurt-Mix (s. Seite 19 und 20).

Kartoffelteig-Ecken

4 Personen
Pro Portion: 260 Kal/1092 Joule,
6 g Fett, 6 g Ballaststoffe

500 g Kartoffeln, geschält oder abgebürstet
Salz
15 g Margarine
2 EL Milch
frisch gemahlener schwarzer Pfeffer
100 g Mais aus der Dose, abgetropft
100 g Haferflocken

Dazu reichen
Gegrillte Tomaten und Champignons

Kartoffeln 15–20 Minuten in Salzwasser weich kochen. Abgießen, eventuell schälen, mit der Margarine und Milch pürieren und mit Salz und Pfeffer abschmecken.
Mais und Haferflocken unter das Püree rühren, alles zu einem geschmeidigen Teig verkneten. Auf einer leicht bemehlten Fläche 6 mm dick ausrollen. In Dreiecke schneiden.
Eine schwere Pfanne erhitzen (wenn nötig, leicht mit Öl einpinseln) und die Kartoffelteig-Ecken bei starker Hitze braten. Wenden und die andere Seite bräunen.
Heiß servieren. Dazu gegrillte Tomaten und Champignons reichen.

Tip Der Ballaststoffgehalt kann durch Zugabe von Weizenkleie noch erhöht werden.

Gefüllte Champignons

4 Personen
Pro Portion: 245 Kal/1029 Joule,
10 g Fett, 8 g Ballaststoffe

8 große Champignons
1 kleine Zwiebel, fein gehackt
2 große Tomaten, halbiert
15 g Margarine
6 EL Vollkornbrösel
40 g Hartkäse, gerieben
50 g Mais aus der Dose, abgetropft
1 TL Minze, gehackt
Salz und frisch gemahlener schwarzer Pfeffer
1 Ei, verquirlt
4 Scheiben Vollkornbrot, getoastet

Backofen auf 190° C vorheizen. Auflaufform fetten.
Die Stiele der Champignons klein schneiden. Die Tomatenhälften mit einem Teelöffel aushöhlen. Margarine in einer Pfanne zerlassen, Champignonstiele und Zwiebel bei Mittelhitze etwa 3 Minuten darin dünsten, bis die Zwiebel weich, aber nicht gebräunt ist. Von der Kochplatte ziehen und das Tomatenfleisch, Brösel, Käse, Mais und Minze unterrühren, salzen und pfeffern und nur so viel Ei zugeben, daß die Masse gebunden wird.
Champignonhüte und Tomatenhälften mit der Höhlung nach oben in die Auflaufform geben. Die Käsemischung einfüllen und gut andrücken. Mit Folie bedeckt 20 Minuten backen.
Heiß auf dem Toast servieren.

Tip Vollkornbrösel können Sie auf Vorrat selbst herstellen: Lassen Sie mehrere Scheiben Vollkornbrot etwas trocknen, geben Sie es in eine Plastiktüte und zerkrümeln Sie es mit der Teigrolle oder mit dem Fleischklopfer. In einem Schraubglas, luftdicht verschlossen, aufbewahren.

Pflaumen-Joghurt

Foto gegenüber

4 Personen
Pro Portion: 225 Kal/945 Joule,
1 g Fett, 6 g Ballaststoffe

225 g getrocknete Pflaumen, eingeweicht
2 EL Sultaninen
425 ml fettarmer Joghurt
2 EL Zitronensaft

Garnitur
Etwas Knusperkleie

Pflaumen abtropfen lassen, halbieren und entsteinen. In eine Schüssel geben und die Sultaninen, Joghurt und Zitronensaft unterrühren. Zugedeckt kühl stellen.
Vor dem Servieren mit der Kleie bestreuen.

Orangensalat

Foto gegenüber

4 Personen
Pro Portion: 195 Kal/819 Joule,
8 g Fett, 6 g Ballaststoffe

6 Orangen
150 ml fettarmer, körniger Frischkäse
4 EL fettarmer Joghurt
50 g abgezogene Mandeln, geröstet

Die Schale von 2 Orangen abreiben und mit dem Frischkäse und Joghurt vermischen.
Die Orangen filetieren und die Orangenfilets in die Mischung aus Frischkäse, Joghurt und Orangenschale einrühren. Den Großteil der Mandeln unterziehen, einige zur Dekoration zurückbehalten. In eine Schale füllen und zugedeckt einige Zeit in den Kühlschrank stellen.
Mit den restlichen Mandeln bestreut servieren.

Kompott aus gemischten Trockenfrüchten

4 Personen
Pro Portion: 108 Kal/455 Joule,
0 g Fett, 10 g Ballaststoffe

225 g gemischte Trockenfrüchte – Apfelringe, Aprikosen, Feigen, Pfirsiche, Birnen, Pflaumen –, über Nacht eingeweicht
abgeriebene Schale und Saft von 1 Zitrone
150 ml ungesüßter Apfelsaft
Prise Zimt

Früchte abtropfen lassen, 275 ml des Einweichwassers in einen Topf gießen. Zitronenschale und -saft, Apfelsaft, Zimt und Früchte zufügen. Langsam zum Kochen bringen, 30 Minuten zugedeckt köcheln lassen.

Tip Wer zum Frühstück gern etwas Warmes ißt, wird dieses Kompott noch heiß genießen. Soll es jedoch kalt gegessen werden, gut kühlen und mit fettarmem Joghurt servieren.

Pflaumen-Joghurt (links), Orangensalat (rechts).

Suppen, Zwischengerichte und Salate

Suppen sind ein Beweis häuslicher Kochkunst. In Suppen kann grundsätzlich alles als Zutat verwendet werden, was die Jahreszeit gerade bietet, ebenso jegliche Reste und auch die Teile vom Gemüse, die beim Putzen abfallen. Suppen lassen sich auf die vielfältigste Weise zubereiten und abwandeln und sind auch preiswert.

Die besten Suppen gehen von selbstgekochten Brühen aus, die aus Knochen, Wurzelgemüsen, Kräutern und Gewürzen einfach zuzubereiten sind (Rezepte folgen). Die Brühen selbst enthalten keine Ballaststoffe. Sie verleihen jedoch allen mitgekochten Zutaten – Gemüsen, Hülsenfrüchten, Nudeln und Reis – einen runden, vollen Geschmack. Fertig gekaufte Brühwürfel sind ein unbefriedigender Ersatz, außerdem enthalten sie reichlich Salz. Dies muß bei der angegebenen Salzmenge der jeweiligen Rezepte berücksichtigt werden, am besten durch vorsichtiges Abschmecken.

Wenn möglich, sollten Sie Gemüse für Suppen nicht schälen, damit keine wertvollen Ballaststoffe verlorengehen. Sie können auch einfach etwas Kleie in die Suppe rühren, auf diese Weise wird der Ballaststoffgehalt erhöht. Oder Sie streuen kurz vor dem Servieren zum Beispiel gehackte Nüsse, gekochte Nudeln oder geröstete Vollkornbrösel auf die Suppe oder reichen sie getrennt dazu.

Stellen Sie einen Vorrat verschiedener Einlagen her, die sich länger aufbewahren lassen – Anregungen dazu finden Sie auf den Seiten 42 und 43. Gehen Sie aber mit stark fetthaltigen Einlagen, wie gebratenen Croutons oder Butterbröseln, sparsam um.

Machen Sie es sich zum Grundprinzip für Suppenrezepte: Wenig Fett, deshalb die Gemüse direkt in die Brühe geben, nicht vorher in Fett andünsten.

Vielleicht sind die Knabbereien und leichten Zwischenmahlzeiten unser schwächster Punkt. Sogar Leute, die sich bewußt um vernünftige Ernährung bemühen, benutzen Zeitmangel gern als Ausrede für ungesunde Naschereien, wie Kuchen, Kekse oder Schokolade. Dabei gibt es weit bessere Möglichkeiten.

Essen Sie auch zwischendurch immer nur Vollkornprodukte – sie enthalten nicht nur mehr Ballaststoffe, sondern schmecken auch intensiver und sättigen mehr. Auf diese Weise kann man leichter auf süße oder stark fetthaltige Knabbereien verzichten.

Gekochte Hülsenfrüchte, Vollkornnudeln und brauner Reis halten sich im Kühlschrank mehrere Tage. Kochen Sie einfach größere Mengen davon im voraus, dann haben Sie immer eine Grundlage für einen schnellen Imbiß oder einen Salat auf Vorrat.

Für Salatmarinaden sollten Sie fettarmen Joghurt oder Frischkäse und ungesüßte Fruchtsäfte – Zitrone, Apfel, Orange oder Tomate – verwenden und mit Kräutern und Gewürzen abschmecken.
Aus Joghurt können Sie ganz einfach Ihren eigenen fettarmen Frischkäse herstellen: Legen Sie einen Seiher mit einer doppelten Lage ausgekochtem Musselin aus, stellen Sie ihn in eine Schüssel, geben Sie den Joghurt hinein und lassen Sie alles zugedeckt einen Tag lang stehen und abtropfen. Mit gehackten Kräutern oder zerdrücktem Knoblauch gewürzt, schmeckt der selbstgemachte Frischkäse köstlich als Brotaufstrich.
Achten Sie beim Kauf von körnigem Frischkäse oder Quark auf niedrigen Fettgehalt. Bei Quark gibt es folgende Fettstufen: weniger als 10% Fett i.Tr. (Magerquark), 20% Fett i.Tr. und 40% Fett i.Tr. (Sahnequark). Auch bei anderen Weichkäsen und Hartkäsen gibt es unterschiedliche Fettstufen.

Brühen

Grundbrühen

Eine Suppe kann nur so gut sein wie die verwendete Grundbrühe. Suppenwürfel mögen zwar manchmal praktisch sein, erzielen aber nie jenen Geschmack, der sich durch das Kochen von Knochen, Gemüsen und Kräutern entfaltet. Es lohnt sich, gleich mehrere Portionen auf einmal zuzubereiten, da Brühe eine Woche lang im Kühlschrank aufbewahrt werden kann. Eingefroren hält sie sich sogar noch länger.

Ein paar küchentechnische Grundregeln für das Zubereiten guter Grundbrühen sollten Sie immer berücksichtigen:
- Verwenden Sie einen genügend großen Topf mit einem schweren, gut schließenden Deckel.
- Brühen bei mäßiger Hitzezufuhr köcheln lassen. Zu starke Hitze trübt sie ein.
- Lassen Sie Brühen einmal im Ofen garen. Die gleichmäßige Hitze von allen Seiten ermöglicht langsames und schonendes Garen. Auf diese Weise zubereitet, werden Fleischbrühen besonders geschmacksintensiv.

Helle Fleischbrühe

Ergibt ca. 1,25 Liter

1 kg Kalbsknochen oder die Knochen von 1 Huhn
1 große Zwiebel, in Scheiben geschnitten
2 Möhren, in Scheiben geschnitten
4 Stangen Sellerie, in Scheiben geschnitten
einige Stengel Petersilie
1 Lorbeerblatt
1 EL Salz
6 schwarze Pfefferkörner

Die Knochen in einen großen Topf geben, 2,25 l Wasser zugießen und zugedeckt langsam zum Kochen bringen. Brühe abschäumen und die restlichen Zutaten zufügen. Wieder zudecken und 3 Stunden köcheln lassen, dann sollte die Flüssigkeit auf die Hälfte eingekocht sein. Vorsichtig durch ein Sieb gießen und die festen Teile wegwerfen. Abkühlen lassen, dann die Fettschicht abheben. Wird die Brühe noch heiß verwendet, sorgfältig vorher das Fett von der Oberfläche abschöpfen.

Verwendung
Für Gemüse-, Geflügel- und bestimmte Obstsuppen.

Dunkle Fleischbrühe

Ergibt ca. 1,25 Liter

1 kg Rinderknochen
1 EL Bratfett
1 große Zwiebel, in Scheiben geschnitten
2 Möhren, in Scheiben geschnitten
4 Stangen Sellerie, in Scheiben geschnitten
frische Kräuter oder Kräuterstrauß
1 TL Salz
6 schwarze Pfefferkörner

Die Knochen mit dem Fett in einen großen Topf geben und unter gelegentlichem Wenden anbraten, bis sie ringsum gebräunt sind. Gemüse zufügen und leicht anbräunen lassen. 2,25 l Wasser zugießen und zugedeckt zum Kochen bringen. Brühe abschäumen, Kräuter, Salz und Pfefferkörner zugeben, wieder zudecken und zum Kochen bringen. Etwa 3 Stunden köcheln lassen bzw. so lange, bis die Flüssigkeit ungefähr auf die Hälfte eingekocht ist. Weiter verfahren wie bei heller Fleischbrühe.

Verwendung
Für Suppen mit dunklem Fleisch oder für Consommé.

Gemüsebrühe

Ergibt ca. 1,25 Liter

2 große Zwiebeln, in Scheiben geschnitten
2 große Möhren, in Scheiben geschnitten
6 Stangen Sellerie, in Scheiben geschnitten
1 kleine weiße Rübe, klein geschnitten
1 große Stange Lauch, in Ringe geschnitten
frische Kräuter oder Kräuterstrauß
1 TL Salz
6 schwarze Pfefferkörner

2,25 l Wasser in einen großen Topf gießen, Gemüse zugeben und zugedeckt zum Kochen bringen. Brühe abschäumen, Kräuter, Salz und Pfefferkörner zufügen, zudecken und wieder zum Kochen bringen. Etwa 3 Stunden köcheln lassen oder so lange, bis die Flüssigkeit auf die Hälfte eingekocht ist. Weiter verfahren, wie bei heller Fleischbrühe (s. Seite 31) beschrieben.

Verwendung
Für Gemüse- und Obstsuppen, wenn Sie Gemüsebrühe heller Fleischbrühe vorziehen. Als vegetarische Grundbrühe.

Suppen

Gemüsepüreesuppe

4 Personen
Pro Portion: 40 Kal/168 Joule,
0 g Fett, 3 g Ballaststoffe

1 große Zwiebel, gehackt
500 g Gemüse – zum Beispiel Pastinaken, Möhren, Zucchini, Lauch –, geputzt und klein geschnitten
1 l helle Fleischbrühe oder Gemüsebrühe (s. Seite 31 und 32)
Salz und frisch gemahlener schwarzer Pfeffer

Zwiebel und Gemüse in der Brühe 20 Minuten köcheln lassen oder so lange, bis die Gemüse weich sind. Mit Salz und Pfeffer abschmecken und in einem Mixer pürieren oder durch ein Sieb streichen.
Im ausgespülten Topf nochmals erhitzen und abschmecken.

Serviervorschläge
Die Suppe wird reicher an Ballaststoffen, wenn Sie kurz vor dem Servieren 2 EL Weizenkleie unterrühren. Der

charakteristische Kleiegeschmack paßt besonders gut zu Wurzelgemüsen. Oder fügen Sie eine ballaststoffreiche Garnitur hinzu: Vollkorn-Croutons, Vollkornnudeln, Käsetoast, Brösel, zerkrümeltes Kleie-Knäckebrot oder Kleieflocken – alles schmackhafte Einlagen (s. auch Seite 42).

Variationen

Möhrensuppe mit Orange Beim Erhitzen der pürierten Möhrensuppe den Saft und die abgeriebene Schale von 1 Orange unterrühren. Suppe mit etwas geraspelten Möhren oder mit einem Tupfer saurer Sahne garnieren. In letzterem Fall streichholzdünne Möhrenstreifchen gesondert reichen.

Blumenkohlsuppe Die pürierte Blumenkohlsuppe mit ½ TL Muskat abschmecken. Mit Kräuter-Croutons garnieren (s. Seite 43).

Hülsenfrüchte-Suppen Suppe aus getrockneten Erbsen, Bohnen oder Linsen zubereiten. Hülsenfrüchte über Nacht einweichen, abtropfen lassen und in der Brühe 1–3 Stunden kochen, die Garzeit richtet sich nach der Sorte der verwendeten Hülsenfrüchte. Frische Kräuter und 1 Lorbeerblatt oder Kräuterstrauß zur Brühe geben, vor dem Pürieren Kräuter entfernen. Mit gehackter Petersilie, Schnittlauch oder Minze garnieren.

Frische Erbsensuppe mit Zitrone
Beim Kochen der Erbsen 2 EL gehackte Minze zufügen, beim Erhitzen der pürierten Suppe den Saft und die abgeriebene Schale von 1 Zitrone unterrühren. Wenn die Erbsen jung und zart sind, kann man die Suppe auch aus den geputzten Schoten zubereiten und einige gekochte Erbsen als Garnitur hinzufügen.

Zwiebelsuppe mit Möhren

4 Personen
Pro Portion: 150 Kal/630 Joule,
6 g Fett, 6 g Ballaststoffe

1 EL Pflanzenöl
500 g Zwiebeln, in dünne Scheiben geschnitten
1 l dunkle Fleischbrühe (s. Seite 32)
225 g Möhren, geraspelt
½ TL brauner Zucker
Salz und frisch gemahlener schwarzer Pfeffer
2 dicke Scheiben Vollkornbrot
1–2 EL Edamer, gerieben

Öl in einem großen Topf erhitzen, Zwiebeln zugeben und 7–8 Minuten bei Mittelhitze andünsten, dabei gelegentlich umrühren. Mit Brühe aufgießen, Möhren und Zucker zugeben und zum Kochen bringen. Zugedeckt 1 Stunde köcheln lassen. Mit Salz und Pfeffer abschmecken.
Grill auf höchster Stufe vorheizen.
Brot in Dreiecke schneiden. Suppe in eine ofenfeste Terrine füllen, das Brot vorsichtig obenauflegen und mit Käse bestreuen. 3–4 Minuten unter den Grill schieben, bis der Käse schmilzt. Sofort servieren.

Graupensuppe

4 Personen
Pro Portion: 70 Kal/294 Joule,
kein nennenswerter Fettgehalt,
3 g Ballaststoffe

75 g Gerstengraupen, eingeweicht
1,4 l helle Fleischbrühe oder Gemüsebrühe (s. Seite 31 und 32)
1 Lorbeerblatt
1 große Zwiebel, in Scheiben geschnitten
2 mittelgroße Möhren, gewürfelt
2 mittelgroße Kartoffeln, gewürfelt
Salz und frisch gemahlener schwarzer Pfeffer

Garnitur
1 EL Dill oder Petersilie, gehackt

Gerstengraupen mit dem Lorbeerblatt und der Brühe in einen großen Topf geben und zugedeckt 1½ Stunden köcheln lassen. Die Gemüse zufügen, salzen und pfeffern und weitere 30 Minuten köcheln lassen. Lorbeerblatt entfernen. Vor dem Servieren mit Dill oder Petersilie garnieren.

Tip Gerade bei der Graupensuppe ist es für den Geschmack und die gleichmäßige Konsistenz von Vorteil, den gut verschlossenen Topf zum Garen in den Backofen zu stellen.

Nudelsuppe mit Champignons

4 Personen
Pro Portion: 70 Kal/294 Joule,
kein nennenswerter Fettgehalt,
3 g Ballaststoffe

850 ml dunkle Fleischbrühe (s. Seite 32)
75 g Vollkornnudeln
2 Stangen Sellerie, in dünne Scheiben geschnitten
50 g Champignons, in dünne Scheiben geschnitten
2 Tomaten, gehäutet und geviertelt
Salz und frisch gemahlener schwarzer Pfeffer

Garnitur
1 EL Minze, gehackt

Brühe in einem großen Topf zum Kochen bringen, Vollkornnudeln und Selleriescheiben zufügen. Suppe erneut zum Kochen bringen und zugedeckt etwa 13 Minuten köcheln lassen bzw. so lange, bis die Nudeln gerade weich sind (»al dente«).
Champignons und Tomaten zufügen, pfeffern und salzen und noch 2 Minuten köcheln lassen.
Kurz vor dem Servieren mit gehackter Minze bestreuen (nach Belieben, denn nicht jeder mag den intensiven Geschmack).

Sojabohnen-Lauchsuppe

4 Personen
Pro Portion: 145 Kal/609 Joule,
5 g Fett, 5 g Ballaststoffe

100 g Sojabohnen, eingeweicht und abgetropft (s. Seite 58)
1 kleine Zwiebel
4 Nelken
1 Lorbeerblatt
2 große Möhren, gewürfelt
4 kleine Stangen Lauch, in Scheiben geschnitten
1,1 l dunkle Fleischbrühe (s. Seite 32)
Salz und frisch gemahlener schwarzer Pfeffer

Garnitur
1 EL Schnittlauchröllchen

Zwiebel mit Nelken und Lorbeerblatt spicken, mit den Bohnen in einem großen Topf zugedeckt 2½ Stunden köcheln lassen. Dann abgießen; Zwiebel, Nelken und Lorbeerblatt entfernen.
Bohnen mit den Möhren, dem Lauch und der Brühe in den ausgespülten Topf geben und zum Kochen bringen. 1 Stunde köcheln lassen oder so lange, bis die Bohnen weich sind. Mit Salz und Pfeffer abschmecken.
Mit den Schnittlauchröllchen garniert servieren.

Zucchini-Currysuppe

4 Personen
Pro Portion: 40 Kal/168 Joule,
0 g Fett, 3 g Ballaststoffe

500 g Zucchini, in Scheiben geschnitten
1 große Zwiebel
1 TL Currypulver (oder mehr, nach Belieben)
1 l helle Fleischbrühe oder Gemüsebrühe (s. Seite 31 und 32)
Salz und frisch gemahlener schwarzer Pfeffer
4 EL gekochter brauner Reis

Garnitur
Ein paar Curry-Croutons (s. Seite 43)

Zucchinischeiben, Zwiebel, Currypulver (nach Belieben) und Brühe in einen großen Topf geben und zugedeckt 15–20 Minuten köcheln lassen, bis die Gemüse weich sind. Gemüse mit der Brühe im Mixer pürieren oder durch ein Sieb streichen.
Die Püreesuppe zurück in den ausgespülten Topf geben, salzen und pfeffern. Reis zufügen, kurz umrühren und die Suppe erhitzen.
Kurz vor dem Servieren die möglichst frisch zubereiteten Curry-Croutons darüberstreuen oder noch heiß gesondert dazu reichen.

Wintersuppe
Foto gegenüber

4 Personen
Pro Portion: 56 Kal/235 Joule,
kein nennenswerter Fettgehalt,
4 g Ballaststoffe

25 g Weizen-Vollkornmehl
1 EL Paprika
1 l helle oder dunkle Fleischbrühe (s. Seite 31 und 32)
2 große Stangen Lauch, in Scheiben geschnitten
2 mittelgroße Möhren, gewürfelt
225 g Weißkohl, gehobelt
400 g Tomaten aus der Dose
Salz und frisch gemahlener schwarzer Pfeffer

Dazu reichen
Gegrillte Käse-Brotwürfel (s. Seite 43), mit Petersilie bestreut

Mehl mit Paprika vermischen und nach und nach etwas Brühe unterrühren, bis eine glatte, cremige Masse entsteht. Restliche Brühe zum Kochen bringen, etwas davon in die Mehlmischung einrühren, diese dann in den Topf gießen und das Ganze unter Rühren aufkochen lassen. Lauch, Möhren, Weißkohl und Tomaten zufügen und mit Salz und Pfeffer abschmecken. Zugedeckt etwa 40 Minuten köcheln lassen oder so lange, bis die Gemüse weich sind. Gegebenenfalls nachwürzen.
Mit Käse-Brotwürfeln und Petersilie servieren.

Variation
Die Suppe wird noch gehaltvoller, wenn man den Käsetoast durch kleine Klößchen ersetzt (s. Seite 43). Sie passen besonders gut zu Suppen aus dunkler Fleischbrühe. Die Klößchen werden 10 Minuten vor Ende der Garzeit in die Suppe gegeben.

Bohnensuppe mit Nudeln
Foto gegenüber

6 Personen
Pro Portion: 220 Kal/924 Joule,
2 g Fett, 16 g Ballaststoffe

100 g dicke Bohnen (entschotet gewogen)
1 große Zwiebel, in Scheiben geschnitten
1,1 l dunkle Fleischbrühe (s. Seite 32)
300 g gekochte rote Bohnen
75 g Vollkornnudeln
2 TL Tomatenmark
Salz und frisch gemahlener schwarzer Pfeffer

Garnitur
1 EL Petersilie, gehackt

Dicke Bohnen, Zwiebel und Brühe in einen großen Topf geben und zugedeckt 10 Minuten köcheln lassen. Rote Bohnen, Nudeln und Tomatenmark zugeben und 13 Minuten kochen oder so lange, bis die Nudeln weich sind.
Mit Petersilie garnieren.

Bohnensuppe mit Nudeln (oben), Wintersuppe (Mitte), Pikante Linsensuppe (unten, s. Seite 39).

Bohnen-Möhrensuppe

4 Personen
Pro Portion: 81 Kal/340 Joule,
kein nennenswerter Fettgehalt,
7 g Ballaststoffe

100 g dicke weiße Bohnen, eingeweicht und abgetropft (s. Seite 58)
225 g Möhren, klein geschnitten
1 kleine Zwiebel, in Scheiben geschnitten
850 ml helle Fleischbrühe oder Gemüsebrühe (s. Seite 31 und 32)
Salz und frisch gemahlener schwarzer Pfeffer

Garnitur
1 EL Koriander, gestoßen, oder Petersilie, gehackt

Dicke Bohnen, Möhren und Zwiebelscheiben mit der Brühe in einen großen Topf geben und zugedeckt 1¼–1½ Stunden köcheln lassen oder so lange, bis die Bohnen gerade weich sind. Einige Bohnen mit dem Schaumlöffel aus der Suppe herausnehmen und beiseite stellen. Restliche Gemüse mit der Brühe in einem Mixer pürieren oder durch ein Sieb streichen.
Die Suppe wieder in den ausgespülten Topf gießen und mit Salz und Pfeffer abschmecken. Die zurückbehaltenen ganzen Bohnen zufügen und die Suppe noch einmal erhitzen.
Mit gestoßenem Koriander oder gehackter Petersilie bestreuen (nach Belieben) und heiß servieren.

Rote Bohnensuppe

4 Personen
Pro Portion: 160 Kal/672 Joule,
1 g Fett, 15 g Ballaststoffe

225 g rote Bohnen, eingeweicht und abgetropft (s. Seite 58)
1 mittelgroße Zwiebel, in Scheiben geschnitten
einige Stengel Petersilie
1 Lorbeerblatt
850 ml dunkle Fleischbrühe (s. Seite 32)
2 Stangen Sellerie, in kleine Stücke geschnitten
1 mittelgroße Möhre, klein geschnitten
Salz und frisch gemahlener schwarzer Pfeffer
1 EL Apfelessig

Garnitur
1 EL Petersilie, gehackt

Bohnen, Zwiebelscheiben, Petersilie und Lorbeerblatt mit der Brühe in einen großen Topf geben und zugedeckt 30 Minuten köcheln lassen. Sellerie und Möhre zugeben, wieder aufkochen und nochmals 30–45 Minuten köcheln lassen, bis die Bohnen und das Gemüse gerade weich sind.
Lorbeerblatt und Petersilie aus der Suppe entfernen. Mit Salz und frisch gemahlenem Pfeffer abschmecken und den Essig unterrühren.
Kurz vor dem Servieren mit gehackter Petersilie bestreuen.

Pikante Linsensuppe
Foto Seite 37

4 Personen
Pro Portion: 180 Kal/756 Joule,
kein nennenswerter Fettgehalt,
7 g Ballaststoffe

225 g rote Linsen, gewaschen und abgetropft
1 große Zwiebel, in Scheiben geschnitten
1 Lorbeerblatt
2 Stangen Sellerie, in dünne Scheiben geschnitten
700 ml dunkle Fleischbrühe (s. Seite 32)
½ TL Kurkuma
½ TL Ingwerpulver
Salz und frisch gemahlener schwarzer Pfeffer

Garnitur
Ein paar Kräuter-Croutons (s. Seite 43) oder etwas Weizenkleie

Linsen, Zwiebel, Lorbeerblatt, Sellerie und Brühe in einen großen Topf geben und zugedeckt 30–40 Minuten köcheln lassen, bis die Linsen weich sind. Lorbeerblatt entfernen. Kurkuma und Ingwerpulver unterrühren, salzen und pfeffern und mit einem Holzlöffel durchschlagen. Auf diese Weise entsteht eine grobe, körnige Suppe. Sie wird cremig, wenn man sie im Mixer püriert oder durch ein Sieb streicht.
Kurz vor dem Servieren ein paar Kräuter-Croutons oder etwas Kleie auf die Suppe streuen.

Borschtsch

4 Personen
Pro Portion: 90 Kal/378 Joule,
2 g Fett, 5 g Ballaststoffe

500 g frische Rote Bete
1 große Zwiebel, gehackt
110 g Weißkohl, gehobelt
abgeriebene Schale und Saft von 1 Zitrone
2 EL Tomatenmark
1 l dunkle Fleischbrühe (s. Seite 32)
1 Lorbeerblatt
einige Stengel Petersilie
Salz und frisch gemahlener schwarzer Pfeffer
2 EL Sultaninen

Garnitur
2 EL saure Sahne

Rote Bete dünn schälen und raffeln. Gemüse, Zitronenschale und -saft, Tomatenmark, Brühe, Lorbeerblatt und Petersilie in einen großen Topf geben. Salzen und pfeffern und zugedeckt 30–45 Minuten köcheln lassen oder so lange, bis die Gemüse weich sind. Gegebenenfalls nachwürzen, Lorbeerblatt und Petersilienstengel herausnehmen. Kurz vor dem Servieren die Sultaninen unterrühren und die Suppe mit saurer Sahne garnieren.

Tip Wer die süßen Sultaninen in der Suppe nicht mag, kann auch Kräuter- oder Knoblauch-Croutons (s. Seite 43) reichen.

Fischsuppe mit Mais

Foto gegenüber

---

4 Personen
Pro Portion: 310 Kal/1302 Joule,
5 g Fett, 6 g Ballaststoffe

---

500 g geräucherter Kabeljau (oder eine Mischung aus geräuchertem und frischem Kabeljau oder nur frisches Fischfilet)
575 ml Wasser
2 dünne Scheiben Räucherspeck ohne Schwarte
1 große Zwiebel, in dünne Scheiben geschnitten
500 g kleine Kartoffeln, abgebürstet
2 große Möhren, in dicke Scheiben geschnitten
100 g Champignons, blättrig geschnitten
100 g Mais aus der Dose, abgetropft
2 TL Senfpulver
275 ml Milch
2 EL Petersilie, gehackt

Garnitur
3 EL Butterbrösel (s. Seite 42)

Fisch in einen großen Topf geben, mit dem Wasser übergießen und zugedeckt langsam zum Kochen bringen. Etwa 10 Minuten köcheln lassen, bis das Fischfleisch fest ist. Abgießen, dabei den Sud auffangen. Fisch enthäuten, entgräten und in große Stücke zerpflücken.
Speckscheiben in einem großen Topf anbraten, bis das Fett austritt. Fett abgießen oder mit Küchenkrepp absaugen. Zwiebelscheiben zufügen, gut umrühren und 3 Minuten bei Mittelhitze dünsten.
Topf vom Herd nehmen; Kartoffeln, Möhren, Pilze und Mais zugeben. Senfpulver nach und nach mit etwas Milch zu einer glatten Creme verrühren und dann in der restlichen Milch auflösen. Milch und durchgeseihten Fischsud in den Topf gießen. Zugedeckt etwa 20 Minuten köcheln lassen oder so lange, bis die Kartoffeln und Möhren gerade gar sind.
Fisch und Petersilie zugeben und langsam wieder erhitzen.
Vor dem Servieren mit Butterbröseln bestreuen.

Kartoffel-Lauchsuppe

Foto gegenüber

---

4 Personen
Pro Portion: 40 Kal/168 Joule,
0 g Fett, 3 g Ballaststoffe

---

2 große Stangen Lauch, geputzt und klein geschnitten
500 g Kartoffeln, klein geschnitten
1 kleine Zwiebel, in Scheiben geschnitten
1 l helle Fleischbrühe oder Gemüsebrühe (s. Seite 31 und 32)
Salz und frisch gemahlener schwarzer Pfeffer
Prise gemahlener Koriander

Garnitur
4 EL fettarmer Joghurt
2 EL Schnittlauchröllchen

Lauch, Kartoffeln und Zwiebel mit der Brühe in einen großen Topf geben und 15–20 Minuten köcheln lassen oder so lange, bis die Gemüse weich sind. Gemüse mit der Brühe im Mixer pürieren oder durch ein Sieb streichen.
Suppe zurück in den ausgespülten Topf geben, mit Salz, Pfeffer und einer Prise Koriander abschmecken.
Schnittlauchröllchen mit dem Joghurt verrühren und kurz vor dem Servieren die Suppe damit garnieren.

Kalte Gemüsesuppe (unten, s. Seite 42), Kartoffel-Lauchsuppe (oben links), Fischsuppe mit Mais (oben rechts).

Kalte Gemüsesuppe
Foto Seite 41

---

4 Personen
Pro Portion: 120 Kal/504 Joule,
5 g Fett, 4 g Ballaststoffe

---

500 g Tomaten aus der Dose, püriert
700 ml helle Fleischbrühe
(s. Seite 31)
100 g Vollkornbrösel
(s. Tip Seite 27)
2 EL Rotweinessig
2 EL Olivenöl
3 EL trockener Weißwein
1 grüner Paprika, in dünne Streifen geschnitten
1 roter Paprika, in dünne Streifen geschnitten
1 große Zwiebel, fein gehackt
2 Knoblauchzehen, zerdrückt
½ kleine Gurke, gewürfelt
1 EL Petersilie, gehackt
Salz und frisch gemahlener schwarzer Pfeffer

Garnitur
Knoblauch-Croutons (s. Seite 43)
oder Sonnenblumenkerne (beides nach Belieben)

Pürierte Tomaten mit der hellen Fleischbrühe verrühren. Brotbrösel, Essig, Olivenöl und Wein unterrühren. Gemüse und Petersilie zufügen, die Suppe mit Salz und Pfeffer abschmecken. Zugedeckt mindestens 2 Stunden oder über Nacht in den Kühlschrank stellen.
In gekühlten Schälchen servieren, nach Belieben mit Knoblauch-Croutons oder Sonnenblumenkernen garnieren.

Einlagen und Garnituren

Suppen, vor allem Cremesuppen, erhalten mehr Biß (und Ballaststoffe!), wenn Sie sie kurz vor dem Servieren mit Butterbröseln, Croutons oder gegrillten Käse-Brotwürfeln bestreuen oder diese gesondert dazu reichen. Da man nicht viel davon ißt, fällt das darin enthaltene Fett nicht sehr ins Gewicht.
In einem luftdicht verschlossenen Behälter kann man sie etwa 2 Monate aufbewahren.

»Butter«brösel

Je Rezept: 720 Kal/3024 Joule,
27 g Fett, 21 g Ballaststoffe

---

25 g Margarine (oder Butter)
575 ml Vollkornbrösel (s. Tip Seite 27)

Margarine in einer Pfanne zerlassen, Brösel zugeben und die Pfanne vom Herd ziehen. Brösel so lange wenden, bis alles Fett aufgesogen ist. Auf Backblechen verteilen und bei 130° C etwa 1 Stunde rösten, bis die Brösel goldgelb sind. Dabei gelegentlich wenden. Brösel entweder sofort verwenden oder für andere Zwecke in einem dichten Sieb oder auf Küchenkrepp ganz auskühlen lassen.

Tip Die gut ausgekühlten Brösel lassen sich in einem Schraubglas über längere Zeit aufbewahren. Besonders bei Verwendung von Butter sollten sie kühl gelagert werden.

Croutons

Je Rezept: 720 Kal/3024 Joule,
27 g Fett, 21 g Ballaststoffe

25 g Margarine
6 große Scheiben Vollkornbrot, ca. 12 mm dick

Margarine in einer möglichst weiten Pfanne zerlassen.
Brot in Würfel schneiden und in das heiße Fett geben (die Krümel zurückhalten, sie verbrennen leicht). Ständig wenden, bis die Würfel trocken und gleichmäßig gebräunt sind. Auf Küchenkrepp völlig auskühlen lassen, dann in einem Schraubglas aufbewahren.

Variationen
Kräuter-Croutons Kurz bevor die Brotwürfel fertig sind, 1 EL frische, gehackte Kräuter unterrühren. Probieren Sie Petersilie, Kerbel, Majoran, Minze und andere Kräuter aus oder verwenden Sie gemischte frische oder getrocknete Kräuter.
Knoblauch-Croutons Braten Sie 2 zerdrückte Knoblauchzehen zusammen mit den Brotwürfeln.
Curry-Croutons Bestäuben Sie die Brotwürfel vor dem Braten mit 1 EL Currypulver.

Gegrillte Käse-Brotwürfel

4 Personen
Pro Portion: 120 Kal/504 Joule,
4 g Fett, 3 g Ballaststoffe

2 große Scheiben Vollkornbrot, ca. 4 cm dick
50 g Edamer, gerieben

Brot in Würfel schneiden, auf ein Blech legen und unter den Grill schieben, bis es gleichmäßig gebräunt ist, dabei ein- oder zweimal wenden. Den Käse darüberstreuen und so lange grillen, bis der Käse schmilzt. Brot wieder in Würfel zerteilen und noch heiß servieren als Suppeneinlage oder separat dazu.

Klößchen

4 Personen
Pro Portion: 95 Kal/399 Joule,
6 g Fett, 1 g Ballaststoffe

50 g Weizenmehl, Type 1050
Prise Salz
25 g Rindertalg, fein zerkleinert
ca. 2–3 EL Wasser für den Teig

Mehl, Salz und Rindertalg vermischen und gerade so viel Wasser zugeben, daß ein fester Teig entsteht. Hände bemehlen und den Teig zu winzigen, etwa walnußgroßen Klößchen formen.
Klößchen in Mehl wälzen und 10 Minuten vor Ende der Garzeit in die leise köchelnde Suppe geben. Die Klößchen sinken zunächst nach unten und steigen dann zur Oberfläche auf. Topf zudekken. Die Suppe darf nicht sprudelnd kochen, sonst zerfallen die Klößchen.

Geschmackszutaten
- 1 TL gehackte Petersilie oder andere frische Kräuter.
- ½ TL getrocknete Kräuter.
- ½ TL Kümmel – paßt besonders zu dunklen Suppen und solchen mit Kohl.
- 25 g geriebener Edamer – schmeckt gut zu Blumenkohlsuppe.
- 1 kleine Zwiebel, fein gehackt und in sehr wenig Margarine leicht angedünstet – paßt gut zu Suppen mit Wintergemüsen.

Tip Zur Erhöhung des Ballaststoffgehalts können Sie dem Mehl 1 EL Kleie oder 1 EL Haferflocken zugeben.

Zwischenmahlzeiten

Rohkost

Foto gegenüber

Frische, knackige Gemüse, in Streifchen oder Rosetten geschnitten, lassen sich in immer neuen, appetitanregenden Variationen in eine ballaststoffreiche Mahlzeit einbeziehen. Deshalb lohnt sich die kleine Mühe, sie hübsch anzurichten. Mit ihren natürlichen Farben und abwechslungsreichen Formen sind sie eine hervorragende Garnitur für Pasteten und Dips, Suppen und Salate. Sie schmecken auch köstlich, wenn man sie einfach in fettarmen Joghurt mit Kräutern und Gewürzen einstippt – eine knackig-frische Vorspeise.
Nehmen Sie nur ganz frische Gemüse bester Qualität und achten Sie auch darauf, eine reizvolle Farbpalette zusammenzustellen. Und natürlich sollten Sie die Gemüse nicht schälen, wenn es nicht unbedingt nötig ist.

Blumenkohl In mittelgroße oder kleine Röschen schneiden, die man in Saucen oder Dips einstippen kann.
Champignons Stiele unten kappen und Pilze durch Hut und Stiel hindurch – also in der Form des Pilzes – blättrig schneiden. Zum Stippen müssen die Scheiben ziemlich dick sein.
Frühlingszwiebeln *Schirmchen:* Wurzelende, äußerste Haut und grüne Teile entfernen – das Grün kann gehackt für Salate verwendet werden. Von oben her tiefe Einschnitte bis fast ganz nach unten ausführen. In Eiswasser legen, bis sich die Spitzen nach außen drehen.

Rohkost (oben), Knoblauch-Dip mit Schnittlauch (Mitte, s. Seite 46), Joghurt-Tomaten-Dip (unten, s. Seite 46).

Gurke *Schiffchen* entstehen aus 5 cm dicken Scheiben, die der Länge nach halbiert werden. Kerne herauskratzen und die Höhlung mit einer weichen Pastete oder einem Dip füllen.
Zum Einstippen streichholzlange Streifchen oder ½ cm dicke Scheiben schneiden. Die Schale läßt sich mit einem Streifenmuster verzieren: Gurke mit den Zinken einer Gabel der Länge nach einritzen, so daß schmale Furchen in die Schale gekratzt werden.
Möhren Putzen und gut abbürsten, aber nicht schälen. In streichholzdicke Streifchen oder in sehr dünne Scheiben schneiden. Hübsch sieht es aus, wenn die Scheiben mit kleinen Ausstechformen zu Sternchen und Röschen verwandelt werden.
Paprika Deckel abschneiden, das Weiße innen und die Kerne entfernen, quer in Ringe schneiden. Oder längs halbieren und in dicke Streifen schneiden.
Radieschen *Rosetten* entstehen, wenn man in die geputzten Radieschen mit einem scharfen Messer tiefe, kreuzförmige Einschnitte macht. Etwa 2 Stunden in Eiswasser legen, bis sich die Spitzen nach außen drehen.
Fächer erhält man, wenn man in die Radieschen eine Reihe paralleler Einschnitte macht, als ob man Brot aufschneidet. In Eiswasser ziehen lassen.
Stangensellerie Stangen in 10 cm lange Stücke schneiden. Mit einem scharfen Messer an einem Ende tiefe Einschnitte machen. Etwa 2 Stunden in Eiswasser legen, bis sich die Enden nach außen drehen. Oder aus 5 cm lange Streifen Schiffchen schneiden und mit einer weichen Pastete oder einem Dip füllen.

Knoblauch-Dip mit Schnittlauch

Foto Seite 44

Ergibt 275 ml
Je Rezept: 150 Kal/630 Joule, 3 g Fett, kein nennenswerter Ballaststoffgehalt

---

275 ml fettarmer Joghurt, gut gekühlt
2 Knoblauchzehen, zerdrückt
Salz nach Geschmack
2 EL Schnittlauchröllchen
Prise Cayennepfeffer

Joghurt glattrühren, Knoblauch, Salz und den größten Teil des Schnittlauchs unterrühren. Mit etwas Cayennepfeffer abschmecken und in einer Schale anrichten. Mit etwas Cayennepfeffer und dem restlichen Schnittlauch garnieren. Gut gekühlt servieren.

Joghurt-Tomaten-Dip

Foto Seite 44

Ergibt 425 ml
Je Rezept: 312 Kal/1320 Joule, 11 g Fett, 1 g Ballaststoffe

---

225 g Magerquark oder fettarmer, körniger Frischkäse, durch ein Sieb passiert
150 ml fettarmer Joghurt, gut gekühlt
1 kleine Zwiebel, gerieben oder fein gehackt
1 TL Zitronensaft
Salz und frisch gemahlener schwarzer Pfeffer
1 TL Tomatenmark

Quark oder Frischkäse mit Joghurt glattrühren. Zwiebel und Zitronensaft, dann Salz, Pfeffer und Tomatenmark unterrühren. Gegebenenfalls nachwürzen. Gut gekühlt servieren.

Auberginen-Dip

---

4 Personen
Pro Portion: 100 Kal/420 Joule, 8 g Fett, 5 g Ballaststoffe

---

2 große Auberginen
2 kleine Zwiebeln, gerieben
1 EL Weizenkleie
2 EL Öl
Salz und frisch gemahlener schwarzer Pfeffer
Saft von 1 Zitrone
3 EL Petersilie, gehackt

Garnitur
Einige schwarze Oliven

Backofen auf 180° C vorheizen. Auberginenschalen mit der Gabel mehrmals einstechen. Auberginen auf ein Backblech legen und etwa 30 Minuten im Ofen backen oder so lange, bis sie weich sind, dabei einmal umdrehen. Oder auf der zweiten Schiene von oben 10 Minuten grillen, dabei öfters umdrehen. Auberginen kalt abschrecken und Schale abziehen.
Fruchtfleisch mit den Zwiebeln, der Kleie und dem Öl entweder mit einer Gabel zerdrücken oder im Mixer pürieren. Mit Salz, Pfeffer und Zitronensaft abschmecken, die Hälfte der Petersilie untermischen. Zum Servieren in einer Schale anrichten.
Mit der restlichen Petersilie und schwarzen Oliven garnieren.

Serviervorschläge
Auberginen-Dip kann wie Kichererbsenmus serviert werden (s. Seite 55). Oder man füllt es in ausgehöhlte Zitronenhälften. Die Mahlzeit wird gehaltvoller, wenn man den Auberginen-Dip in eßbaren »Schälchen« anrichtet: Von 4 großen Tomaten Deckel abschneiden, Früchte aushöhlen, mit Auberginen-Dip füllen, die Deckel schräg daraufsetzen oder in Sellerieschiffchen füllen (s. Seite 45).

Thunfischtomaten Italienisch

4 Personen
Pro Portion: 320 Kal/1344 Joule,
20 g Fett, 6 g Ballaststoffe

6 große Tomaten
1 EL Pflanzenöl
1 kleine Zwiebel, gehackt
1 Knoblauchzehe, zerdrückt
100 g frische Vollkornbrösel (s. Seite 27)
1 EL Weizenkleie
200–225 g Thunfisch aus der Dose, abgetropft und zerpflückt
50 g Anchovisfilets, fein gehackt
2 EL gehackte Petersilie
12 gefüllte grüne Oliven
frisch gemahlener schwarzer Pfeffer

Backofen auf 190° C vorheizen. Ofenfeste Form fetten.
Tomaten quer halbieren und den größten Teil des Fruchtfleischs herauslösen. Öl in einer Pfanne erhitzen. Zwiebel und Knoblauch bei Mittelhitze etwa 3 Minuten anbraten, dabei ein- bis zweimal umrühren. Von der Kochplatte nehmen und das ausgelöste Tomatenfleisch, Brösel, Kleie, Thunfisch, Anchovis und Petersilie untermischen. 9 der Oliven fein hacken und in die Pfanne geben. Das Ganze mit Pfeffer abschmecken. Die Tomatenhälften mit der Masse füllen und in die ofenfeste Form setzen. 10–15 Minuten backen oder so lange, bis die Oberfläche knusprig und braun ist. Restliche Oliven hacken und als Garnitur darüberstreuen.

Serviervorschlag
Heiß servieren, dazu Vollkornbrötchen reichen.

Tomatenpizza

4 Personen
Pro Portion: 350 Kal/1470 Joule,
20 g Fett, 8 g Ballaststoffe

Belag
400 g Tomaten aus der Dose
25 g Weizenkleie
1 große Zwiebel, geschält und gehackt
1 Knoblauchzehe, geschält, zerdrückt
½ TL gemischte, getrocknete Kräuter
½ TL getrockneter Oregano
Salz und frisch gemahlener schwarzer Pfeffer
8 gefüllte grüne Oliven, in Scheiben geschnitten
75 g Edamer, gerieben

Teig
150 g Weizen-Vollkornmehl
½ TL Backpulver
50 g Margarine
6–7 EL Milch

Tomaten, Kleie, Zwiebel, Knoblauch und Kräuter in einen Topf geben, salzen und pfeffern und 5–7 Minuten kochen lassen, bis die Masse dick und streichfähig ist. Vom Herd nehmen, abschmekken und Oliven unterrühren.
Für den Teig das Mehl mit dem Backpulver vermischen, Margarine in Stückchen dazugeben und alles zu feinen Bröseln zerreiben. So viel Milch zugeben, daß ein fester Teig entsteht. Auf eine leicht bemehlte Fläche geben und glattkneten. Zu einem runden Teigboden von 20 cm Durchmesser ausrollen.
Eine entsprechend große Pfanne mit Öl einreiben und den Teig hineingeben. Pfanne mit einem Deckel oder mit Folie zudecken. Teig auf schwacher Hitze etwa 10–20 Minuten backen, bis er gut aufgegangen ist. Tomatenmasse daraufstreichen, mit Käse bestreuen, 4–5 Minuten unter einen heißen Grill schieben, bis der Käse goldbraun ist. Sehr heiß direkt aus der Pfanne servieren.

Salate

Salate eignen sich als Vorspeise, Beilage, kleine Zwischenmahlzeit oder auch als selbständiges Gericht. Der ernährungsphysiologisch wichtige Wert von Salaten liegt in der natürlichen Zusammensetzung von Vitaminen, Mineral- und Ballaststoffen, Aroma- und Farbstoffen sowie Wasser. Salate können in beliebiger Menge gegessen werden, da sie – bei entsprechender Zubereitung – wenig Energie liefern.
Bei der Zubereitung aller Blatt- und Gemüsesalate sollten immer möglichst frische Zutaten verwendet werden.
Rohe Salate erst kurz vor dem Servieren anmachen.
Gegarte Salate warm anmachen und bis zum Erkalten zugedeckt ziehen lassen.
Salatgerichte mit gemischten Zutaten (z. B. Nudeln, Reis) können kurz vor dem Servieren angemacht, aber auch länger zubereitet werden.

Zucchinisalat mit braunen Bohnen

4 Personen
Pro Portion: 220 Kal/924 Joule,
8 g Fett, 13 g Ballaststoffe

150 ml fettarmer Joghurt
1 EL Sonnenblumenöl
1 EL Apfelessig
Salz und frisch gemahlener schwarzer Pfeffer
4 kleine Zucchini, in dünne Scheiben geschnitten
175 g getrocknete braune Bohnen, gekocht
2 Frühlingszwiebeln, in Scheiben geschnitten
25 g Cashewkerne

Joghurt mit Öl und Essig verrühren, mit Salz und reichlich Pfeffer abschmecken. Zucchini, Bohnen, Zwiebeln und Nüsse vermischen. Marinade unterziehen. Salat zugedeckt mindestens 30 Minuten kühl stellen.

Köstlicher Nudelsalat

Foto gegenüber

4 Personen
Pro Portion: 260 Kal/1092 Joule,
9 g Fett, 5 g Ballaststoffe

100 g Vollkornnudeln
Salz
1 EL Pflanzenöl
1 EL Apfelessig
3 Äpfel
1 EL Zitronensaft
4 Stangen Sellerie, in dünne Scheiben geschnitten
2 EL Rosinen
2 EL entkernte Datteln, grob gehackt
2 EL Walnüsse, grob gehackt
frisch gemahlener schwarzer Pfeffer
1 EL fettarmer Joghurt, gut gekühlt
1 EL saure Sahne, gut gekühlt
1 EL ungesüßter Orangensaft, gut gekühlt

Nudeln in einem großen Topf in reichlich sprudelnd kochendem Salzwasser 12–13 Minuten (oder laut Packungsaufschrift) garen, so daß sie noch etwas Biß haben. Gut abtropfen lassen und noch heiß mit Öl und Essig vermischen.
Äpfel entkernen und in dünne Scheiben schneiden, sofort mit Zitronensaft beträufeln. Sellerie, Rosinen, Datteln und Walnüsse dazugeben und gut vermischen, dann die gekochten Nudeln unterheben. Joghurt mit saurer Sahne und Orangensaft verrühren, salzen und pfeffern und über den Salat gießen. Alles gut durchmischen.

Blumenkohlsalat mit Bohnen (oben, s. Seite 50), Köstlicher Nudelsalat (unten).

Blumenkohlsalat mit Bohnen

Foto Seite 49

4 Personen
Pro Portion: 170 Kal/714 Joule,
1 g Fett, 15 g Ballaststoffe

100 g rote Bohnen, eingeweicht und abgetropft (s. Seite 58)
100 g grüne oder weiße Bohnen, eingeweicht und abgetropft (s. Seite 58)
1 kleiner Blumenkohl, in kleine Röschen zerteilt
150 ml fettarmer Joghurt
1 EL Weinessig oder Zitronensaft
2 EL Meerrettich, gerieben
1 kleine Knoblauchzehe, zerdrückt
2 TL Weizenkleie
Salz und frisch gemahlener schwarzer Pfeffer
1 kleine Zwiebel, fein gehackt

Garnitur
1 EL Petersilie, gehackt
Zitronenspalten

Bohnen getrennt ohne Salz 1 Stunde kochen, bis sie weich sind. Inzwischen den Blumenkohl etwa 5–7 Minuten dünsten, er muß noch Biß haben.
Joghurt, Essig, Meerrettich, Knoblauch und Kleie mit dem Schneebesen durchschlagen, salzen und pfeffern, Zwiebel unterziehen. Wenn die Bohnen gar sind, abgießen und mit dem Blumenkohl vermischen. Marinade unter die noch heißen Gemüse ziehen. In einer Salatschüssel anrichten.
Mit Petersilie und Zitronenspalten garnieren.

Salatplatte

6 Personen
Pro Portion: 135 Kal/567 Joule,
1 g Fett, 6 g Ballaststoffe

700 g kleine, neue Kartoffeln, gewaschen
Salz
4 Tomaten, geviertelt
1 kleine Gurke, gewürfelt
2 Stangen Sellerie, klein geschnitten
1 grüner Paprika, klein geschnitten
225 g gekochte dicke Bohnen (frisch, tiefgefroren oder aus der Dose)
100 g gekochte grüne Schnittbohnen
100 g Champignons, blättrig geschnitten
2 EL Petersilie, gehackt
150 ml fettarmer Joghurt
1 EL Zitronensaft
1 EL Dijon-Senf
Salz und frisch gemahlener schwarzer Pfeffer
2 EL Schnittlauchröllchen

Kartoffeln etwa 15 Minuten in Salzwasser kochen oder so lange, bis sie gerade weich sind.
Joghurt mit Zitronensaft und Senf verrühren, salzen und pfeffern. Ein Drittel der Marinade mit dem Schnittlauch vermischen und über die heißen Kartoffeln gießen. Abkühlen lassen.
Tomaten, Gurke, Sellerie, Paprika, dicke Bohnen, grüne Bohnen, Pilze und Petersilie vermischen. Die restliche Marinade über den gemischten Salat gießen.
Kartoffeln pyramidenförmig auf einer Servierplatte anrichten und mit dem gemischten Salat ringförmig umlegen.

Selleriesalat mit Champignons

4 Personen
Pro Portion: 120 Kal/504 Joule,
3 g Fett, 5 g Ballaststoffe

500 g Knollensellerie, abgebürstet und geputzt
Salz
2 EL Zitronensaft
150 ml fettarmer Joghurt, gut gekühlt
1 EL Magerquark oder fettarmer Frischkäse
frisch gemahlener schwarzer Pfeffer
Prise Muskatnuß
1 EL Petersilie, gehackt
175 g kleine Champignons, feinblättrig geschnitten

Garnitur
1 EL Mandeln, geröstet

Sellerie etwa 20 Minuten in Salzwasser mit 1 EL Zitronensaft kochen. Abgießen und abkühlen lassen.
Joghurt und Quark oder Frischkäse mit dem restlichen Zitronensaft verrühren. Mit Salz, Pfeffer und Muskat würzen, Petersilie unterrühren.
Gekochten Sellerie zuerst in sehr dünne Scheiben, dann in Julienne schneiden. Mit den Champignons vermischen. Die Marinade darübergießen und alles gut vermengen.
Mit den gerösteten Mandeln garnieren.

Variationen
Andere helle Wurzelgemüse können genauso zubereitet werden – Pastinaken und weiße Rübchen ergeben einen köstlichen Salat.
Sehr junge Wurzelgemüse kann man reiben oder in dünne Scheiben schneiden und roh essen. Sofort mit Zitronensaft beträufeln, damit sie sich nicht verfärben, dann die Joghurtmarinade unterziehen.
Je 1 EL Weizenkleie und Leinsamen unter den Salat mischen. Das schmeckt nicht nur gut, sondern erhöht auch den Ballaststoffgehalt.

Serviervorschlag
Dieser cremige, helle Salat bildet einen interessanten Gegensatz zu dunkelgrünen Blattsalaten, zum Beispiel Spinat, Sauerampfer oder Brunnenkresse. Er kann auch als Beilage zu Braten oder kaltem Fleisch serviert werden.

Fenchelsalat mit Walnüssen

4 Personen
Pro Portion: 175 Kal/735 Joule,
10 g Fett, 4 g Ballaststoffe

4 Fenchelknollen, geputzt
Salz
2 EL Zitronensaft
1 EL ungesüßter Orangensaft
1 EL Öl
2 TL trockener Wermut
frisch gemahlener schwarzer Pfeffer
50 g Walnüsse, gehackt
1 kleiner Kopf grüner Salat, in grobe Streifen geschnitten

Fenchel 5 Minuten in Salzwasser mit 1 EL Zitronensaft kochen. Gut abtropfen lassen. In dünne Ringe schneiden.
Restlichen Zitronensaft mit Orangensaft, Öl und Wermut verrühren oder mixen, mit Salz und Pfeffer abschmecken.
Gehackte Walnüsse unterrühren, Fenchel mit der Marinade vermischen.
Kurz vor dem Servieren den Fenchel auf einer Platte anrichten und ringförmig mit dem grünen Salat umlegen.

Obstsalat mit braunem Reis

Foto gegenüber

---

4 Personen
Pro Portion: 375 Kal/1575 Joule,
9 g Fett, 6 g Ballaststoffe

---

225 g brauner Langkornreis
Salz
2 Äpfel
1 EL Zitronensaft
8 getrocknete Pflaumen, eingeweicht
2 Orangen, geschält und filetiert
1 EL Sonnenblumenkerne
1 EL Pflanzenöl
4 EL fettarmer Joghurt
1 EL Honig
2 EL ungesüßter Apfelsaft
frisch gemahlener schwarzer Pfeffer

Garnitur
Walnußhälften

Reis 30–40 Minuten in reichlich Salzwasser kochen, bis er gerade weich ist. Durch ein Sieb abgießen, unter fließendem kaltem Wasser abschrecken und gut abtropfen lassen.
Äpfel entkernen und in dünne Scheiben schneiden, mit Zitronensaft beträufeln. Pflaumen abtropfen, halbieren, entkernen und vierteln. Reis, Obst und Sonnenblumenkerne vermischen.
Für die Marinade Öl mit Joghurt, Honig und Apfelsaft verrühren oder mixen, mit Salz und Pfeffer abschmecken. Die Marinade kurz vor dem Servieren über den Salat gießen, Reis und Früchte gründlich damit vermischen.
Mit Walnüssen garnieren.

Sojabohnensalat mit Bohnensprossen (oben, s. Seite 54), Obstsalat mit braunem Reis (Mitte), Frischkäse-Dattelsalat (unten).

Frischkäse-Dattelsalat

Foto gegenüber

---

4 Personen
Pro Portion: 210 Kal/882 Joule,
13 g Fett, 4 g Ballaststoffe

---

100 g fettarmer, körniger Frischkäse, durch ein Sieb gestrichen, oder Magerquark
100 g entkernte Datteln, klein geschnitten
einige Tropfen Vanille-Aroma
4 Stauden Chicorée, geputzt und in Streifen geschnitten
1 Bund Brunnenkresse, geputzt
4 EL ungesüßter Orangensaft
3 EL Pflanzenöl
2 EL Weizenkleie
1 TL Sesamkörner
Salz und frisch gemahlener schwarzer Pfeffer

Frischkäse oder Quark mit den Datteln vermischen, 2–3 Tropfen Vanille-Aroma zufügen. 4 Portionsschälchen mit Chicorée, dann mit Kresse auslegen, je ein Häufchen von der Käse-Dattel-Mischung daraufsetzen.
Orangensaft mit Öl, Kleie und Sesamkörnern aufschlagen, salzen und pfeffern. Kurz vor dem Servieren etwas Marinade über Chicorée und Kresse geben, den Rest gesondert dazu reichen.

Serviervorschlag
Dieser Salat ist eine erfrischende Vorspeise, paßt aber auch gut als Beilage zu am Spieß gebratenem Hühnchen, gegrilltem Steak oder zu Kalbskoteletts.

Sojabohnensalat mit Bohnensprossen
Foto Seite 52

---

4 Personen
Pro Portion: 235 Kal/987 Joule,
9 g Fett, 4 g Ballaststoffe

---

abgeriebene Schale und Saft von
1 Orange
150 ml fettarmer Joghurt
Salz und frisch gemahlener schwarzer Pfeffer
175 g gekochte Sojabohnen
100 g frische Bohnensprossen
1 kleine Zwiebel, in Ringe geschnitten
1 roter Paprika, in Streifen geschnitten

Garnitur
1 EL Minze, gehackt

Joghurt mit Orangenschale und -saft verrühren, salzen und pfeffern. Bohnen, Sprossen, Zwiebelringe und Paprika vermischen. Marinade untermischen, Salat zugedeckt kühl stellen.
Mit der Minze garniert servieren.

Linsensalat

---

4 Personen
Pro Portion: 171 Kal/718 Joule,
1 g Fett, 7 g Ballaststoffe

---

175 g Linsen
1 Lorbeerblatt
2 kleine Zwiebeln
2 Nelken
1 Stange Sellerie, halbiert
2 EL Minze, gehackt
150 ml fettarmer Joghurt
Salz und frisch gemahlener schwarzer Pfeffer
50 g kleine Champignons, feinblättrig geschnitten

Garnitur
2 Tomaten, in Scheiben geschnitten

Linsen mit dem Lorbeerblatt, einer mit den Nelken gespickten Zwiebel und dem Sellerie in einen Topf mit reichlich Wasser geben und zugedeckt 40–45 Minuten köcheln lassen oder so lange, bis die Linsen weich sind. Abgießen; Lorbeerblatt, Zwiebel, Nelken und Sellerie entfernen. Linsen abkühlen lassen.
Joghurt mit Minze verrühren, salzen und pfeffern. Die zweite Zwiebel in Ringe schneiden. Linsen, Zwiebelringe und Champignons vermischen, Joghurtmarinade unterziehen.
In einer Schale anrichten und mit den Tomatenscheiben garnieren.

Bohnen-Lauchsalat

---

4 Personen
Pro Portion: 140 Kal/588 Joule,
1 g Fett, 12 g Ballaststoffe

---

150 ml fettarmer Joghurt
1 TL Tomatenmark
1 TL Apfelessig
Salz und frisch gemahlener schwarzer Pfeffer
4 kleine Stangen junger Lauch, geputzt und in Scheiben geschnitten
1 kleine Zwiebel, in Scheiben geschnitten
75 g getrocknete rote Bohnen, gekocht
75 g getrocknete grüne Bohnenkerne, gekocht

Garnitur
1 EL Petersilie, gehackt

Joghurt mit Tomatenmark und Apfelessig verrühren, salzen und pfeffern.
Lauch, Zwiebel und Bohnen vermischen, Marinade unterziehen. Zugedeckt kühl stellen.
Mit Petersilie bestreut servieren.

Variationen
Der Lauch läßt sich durch Sellerie, Zwiebeln und Schalotten ersetzen, aber auch durch Reste gegarter Hülsenfrüchte.

Kichererbsenmus

4 Personen
Pro Portion: 98 Kal/412 Joule,
15 g Fett, 9 g Ballaststoffe

225 g getrocknete Kichererbsen, eingeweicht und abgetropft (s. Seite 58)
½ TL Salz
2 TL Kreuzkümmel, gemahlen
3 EL Olivenöl
5 EL Zitronensaft
2 große Knoblauchzehen, zerdrückt
frisch gemahlener schwarzer Pfeffer

Garnitur
2 EL Petersilie, gehackt
Zitronenspalten

Kichererbsen ohne Salz in reichlich Wasser 2–3 Stunden weich kochen. Salz und Kreuzkümmel gegen Ende der Garzeit zugeben. Einige ganze Erbsen als Garnitur zurückbehalten, den Rest mit etwas Kochwasser im Mixer pürieren oder durch ein Sieb streichen. Olivenöl, Zitronensaft und Knoblauch unterschlagen, mit reichlich Pfeffer abschmecken. In einer Schale anrichten, mit der Petersilie, den zurückbehaltenen Kichererbsen und den Zitronenspalten garnieren.

Serviervorschläge
Dieses Mus, das so cremig wie ein Dip ist, kann auf die im Nahen Osten traditionelle Weise mit noch heißem Fladenbrot serviert werden. Oder reichen Sie Streifen von Vollkorntoast dazu.
Für pikante Häppchen als Beigabe zu Getränken streicht man Kichererbsenmus auf kleine Eckchen Roggenbrot, auf Pumpernickel oder auf Kleiekekse und garniert die Schnittchen mit gehackter Petersilie und halbierten schwarzen Oliven.
Oder geben Sie das Mus in ein kleines Schälchen in die Mitte einer Rohkostplatte (s. Seite 45). Oder füllen Sie damit Sellerieschiffchen (s. Seite 45).

Salat aus ganzen Kichererbsen

4 Personen
Pro Portion: 110 Kal/462 Joule,
3 g Fett, 6 g Ballaststoffe

225 g getrocknete Kichererbsen, eingeweicht und abgetropft (s. Seite 58)
½ TL Salz
2 TL Kreuzkümmel, gemahlen
4 EL Pflanzenöl
1 EL Worcestershire-Sauce
2 EL Zitronensaft
4 EL Tomatensaft
2 TL Weizenkleie
1 Knoblauchzehe, zerdrückt
frisch gemahlener schwarzer Pfeffer
2 kleine Zwiebeln, in Ringe geschnitten

Garnitur
2 EL Petersilie, gehackt

Kichererbsen kochen (s. Seite 58). Salz und Kreuzkümmel kurz vor Ende der Garzeit zufügen; Erbsen abtropfen lassen.
Öl, Worcestershire-Sauce, Zitronensaft, Tomatensaft, Kleie und Knoblauch verrühren, salzen und pfeffern. Marinade über die Kichererbsen gießen, Zwiebelringe zufügen, alles gut vermischen.
In einer Schale anrichten und mit der Petersilie garnieren.

Serviervorschläge
Dieser Salat bildet einen interessanten Gegensatz zu grünem Salat, zum Beispiel Kopfsalat, Spinat oder Chinakohl, mit Schnittlauchröllchen bestreut. Sie können ihn auch als Beilage zum Hauptgericht reichen. Er paßt besonders gut zu cremigen Gerichten mit wenig Biß, wie zum Beispiel zu Gemüsesoufflés und gebundenen Gemüseaufläufen.

Weizenschrotsalat

4 Personen
Pro Portion: 160 Kal/672 Joule,
9 g Fett, 5 g Ballaststoffe

100 g geschroteter Weizen (Bulgur)
1 große Frühlingszwiebel, in dünne Scheiben geschnitten
3 EL Minze, gehackt
2 EL Petersilie, gehackt
1 EL Kerbel, gehackt
2 EL Olivenöl
2 EL Zitronensaft
Salz und frisch gemahlener schwarzer Pfeffer
einige Blätter Kopfsalat

Garnitur
2 EL schwarze Oliven
1 große Tomate, geviertelt

Weizenschrot etwa 1 Stunde in kaltem Wasser einweichen, bis er aufgesprungen ist, dann abtropfen lassen. Weizen auf ein sauberes Küchentuch geben und die überschüssige Flüssigkeit gut auswringen (wäßriger Weizenschrot ist kein Genuß!).
Weizen in einer Schüssel mit Zwiebel, Kräutern, Olivenöl und Zitronensaft vermischen und mit Salz und Pfeffer kräftig abschmecken.
Eine Schale mit Salatblättern auskleiden und den Salat darauf anrichten. Als Garnitur die Oliven und Tomatenviertel in einem hübschen Muster darauf anordnen.

Serviervorschläge
Mit noch heißem Fladenbrot oder Vollkornbrötchen und frischen Gemüsen servieren (s. Seite 45).

Bohnensalat mit Melone

4 Personen
Pro Portion: 250 Kal/1050 Joule,
8 g Fett, 16 g Ballaststoffe

1 Honigmelone
225 g frische Bohnensprossen
1 Knoblauchzehe, zerdrückt
1 kleiner roter Paprika, in dünne Streifen geschnitten
400 g gekochte rote Bohnen
2 Frühlingszwiebeln, in Scheiben geschnitten
50 g Cashewkerne
1 EL Petersilie, gehackt
150 ml fettarmer Joghurt, gut gekühlt
1 TL Zitronensaft
abgeriebene Schale und Saft von 1 Orange
Salz und frisch gemahlener schwarzer Pfeffer

Garnitur
Einige Blättchen Brunnenkresse oder Petersilie

Melone halbieren, Kerne herauskratzen. Mit einem Grapefruitmesser das Fruchtfleisch herausschneiden und würfeln. Oder mit einem Kugelausstecher Kugeln herausstechen.
Melone mit Bohnensprossen, Knoblauch, Paprika, Bohnen, Frühlingszwiebeln, Nüssen und Petersilie vermischen. Den Salat in den Kühlschrank stellen.
Joghurt mit Zitronensaft, Orangenschale und -saft vermischen, salzen und pfeffern. Marinade über den Salat gießen und gut untermischen.
Mit Brunnenkresse oder Petersilie garnieren.

Pikanter Reissalat

4 Personen
Pro Portion: 330 Kal/1386 Joule,
11 g Fett, 2 g Ballaststoffe

225 g brauner Langkornreis
Salz
2 Frühlingszwiebeln
1 roter Paprika, in Streifen geschnitten
2 Stangen Sellerie, in Scheiben geschnitten
50 g entkernte Datteln, klein geschnitten
25 g abgezogene Mandeln, geröstet
25 g Sonnenblumenkerne
2 EL Pflanzenöl
2 EL ungesüßter Apfelsaft
2 EL Apfelessig
2 TL Weizenkleie
1 EL Currypulver
1 Knoblauchzehe, zerdrückt
frisch gemahlener schwarzer Pfeffer

Reis in reichlich sprudelnd kochendem Salzwasser 30–40 Minuten kochen, bis er gerade weich ist. Durch ein Sieb abgießen und unter fließendem kaltem Wasser abschrecken. Gut abtropfen und auskühlen lassen. Reis, Gemüse, Datteln, Mandeln und Sonnenblumenkerne vermischen.
Öl, Apfelsaft, Essig, Kleie, Currypulver und Knoblauch verrühren oder in einem Schraubglas durchschütteln, salzen und pfeffern.
Die Marinade kurz vor dem Servieren über den Salat gießen und gründlich untermischen.

Serviervorschläge
Salat in Grapefruithälften anrichten. Dieser Salat ist eine ausgezeichnete Beilage zu Fleischspießchen, gegrilltem Fleisch oder überbackenen Gemüse- und Käsegerichten.

Schellfischsalat

4 Personen
Pro Portion: 295 Kal/1239 Joule,
6 g Fett, 8 g Ballaststoffe

225 g Vollkornnudeln
Salz
1 EL Pflanzenöl
1 EL Apfelessig
Saft und abgeriebene Schale von 1 Zitrone
frisch gemahlener schwarzer Pfeffer
225 g gekochtes, geräuchertes Schellfischfilet, enthäutet und in grobe Stücke zerpflückt
2 EL Kapern, abgetropft
2 EL gekochte Erbsen
2 Stangen Sellerie, in dünne Scheiben geschnitten
100 g Mais aus der Dose
150 ml fettarmer Joghurt
2 EL Petersilie, gehackt

Nudeln in einem großen Topf in sprudelnd kochendem Salzwasser 12–13 Minuten oder nach Packungsanweisung kochen, bis sie gerade weich sind. Gut abtropfen lassen. Öl, Essig und Zitronensaft verrühren, salzen und pfeffern und unter die noch heißen Nudeln ziehen. Schellfisch, Kapern, Erbsen, Sellerie, Mais und die Zitronenschale miteinander vermischen. Joghurt unterrühren, dann vorsichtig die Nudeln unterheben, dabei darauf achten, daß der Fisch nicht zerfällt.
Salat in einer Schale anrichten, den Außenrand ringsum mit Petersilie bestreuen.

Variationen
In Nudelsalaten lassen sich auch kleine Reste von anderen gegarten Fischen verwerten – zum Beispiel Kabeljau oder geräucherte Makrele – aber auch kaltes, gekochtes Hühner- oder Putenfleisch sowie Reste von festen Gemüsen.

Gemüsegerichte

Immer mehr Menschen entdecken, daß Gemüse weit mehr sein kann als nur Beilage zu Fleisch und Fisch. Es gibt unzählige interessante Gemüsegerichte als Hauptmahlzeit, in denen mehrere Gemüse miteinander kombiniert oder in Verbindung mit Teig, Pfannkuchen, Vollkornnudeln, Vollkorngetreide oder braunem Reis zubereitet werden.

Hülsenfrüchte – Erbsen, Bohnen und Linsen – haben nicht nur den höchsten Ballaststoffgehalt von allen Gemüsesorten. Sie sind auch preiswert und das ganze Jahr über leicht erhältlich. Um eine ausgewogene Ernährung zu gewährleisten, sollten alle Hülsenfrüchte (außer Sojabohnen) durch Samen und Kerne, Nüsse, Vollkornmehl (in Form von Brot, Nudeln usw.) oder durch fettarme Milchprodukte ergänzt werden.
Getrocknete Hülsenfrüchte (außer Linsen und gespaltenen Erbsen) müssen vor Verwendung eingeweicht werden. Dazu kocht man sie entweder ohne Salz in einem großen Topf auf, läßt sie je nach Sorte 3–5 Minuten kochen, schaltet dann den Herd aus und läßt sie mindestens 1 Stunde ziehen. Oder man weicht sie in der dreifachen Menge kaltem Wasser 4–6 Stunden oder über Nacht ein. Wenn man Hülsenfrüchte im Einweichwasser gart, bleiben die Vitamine erhalten – gleichzeitig aber auch die Gase, die Blähungen verursachen können. Sollten Sie dafür anfällig sein, gießen Sie das Einweichwasser weg und kochen die Hülsenfrüchte in frischem Wasser oder in Brühe.
Die Garzeit von Hülsenfrüchten richtet sich nach der Sorte und sogar nach dem Alter – man weiß nicht, wie lange sie gelagert wurden. Rechnen Sie etwa 30 Minuten für Linsen und bis zu 4 Stunden für Kichererbsen und Sojabohnen.

Vollkornnudeln und Gemüse passen ausgezeichnet zusammen. Nudeln allein machen nicht dick – 100 g ungekochte Nudeln enthalten etwa 416 Kalorien/1750 Joule. Der Energiewert schnellt jedoch hoch, wenn man zu den Nudeln Butter, Sahne- und Eiersaucen und viel Hartkäse serviert.
Vollkornnudeln und brauner Reis haben mehr Geschmack und mehr Biß als Nudeln aus Weißmehl und weißer Reis. Die Garzeit ist jedoch etwas länger – für Nudeln etwa 12–13 Minuten, für braunen Reis bis zu 40 Minuten; bestimmte Sorten benötigen jedoch nur 25 Minuten Kochzeit (richten Sie sich nach der Packungsanweisung). Der hohe Ballaststoffgehalt sorgt dafür, daß man länger satt bleibt.
Wenn nicht unbedingt erforderlich, sollten Gemüse nicht geschält werden, da die Schalen zusätzliche Ballaststoffe liefern.

Gebackene Kartoffeln in der Schale

4 Personen
Pro Portion: 290 Kal/1218 Joule,
9 g Fett, 9 g Ballaststoffe

4 große Kartoffeln
1 EL Weizenkleie
3 EL Milch
25 g Margarine
Salz und frisch gemahlener Pfeffer
1 eingelegter Peperoni, gehackt
175 g Mais aus der Dose, abgetropft
2 EL Petersilie, gehackt
2 EL Käse, gerieben

Backofen auf 190° C vorheizen.
Kartoffeln unter fließendem Wasser abbürsten, die Schale mit einer Gabel einstechen. Auf ein Blech legen und 1–1¼ Stunden backen, bis sie innen weich sind. Inzwischen die Kleie 10 Minuten in der Milch einweichen.
Gegarte Kartoffeln halbieren und aushöhlen. Margarine und Kleiemischung unter die Kartoffelmasse schlagen, mit Salz und Pfeffer kräftig abschmecken. Peperoni, Mais und Petersilie unterrühren. Die Kartoffelschalen damit füllen, mit Käse bestreuen und noch 10 Minuten überbacken, bis die Kartoffeln wieder erhitzt sind.

Serviervorschläge
Die cremige, weiße Kartoffelfüllung bildet einen guten Kontrast zu grünen Blattgemüsen wie Spinat, zu gemischtem grünen Salat und zu Tomatensalat mit Zwiebeln.

Variationen
Für eine knackige, schmackhafte Füllung 175 g Broccoli- oder Blumenkohlröschen kernig weich kochen. In dicke Scheiben schneiden und mit 25 g geriebenem Käse zusätzlich unter die Kartoffelmischung rühren.

Möhrensoufflé

4 Personen
Pro Portion: 225 Kal/945 Joule,
14 g Fett, 5 g Ballaststoffe

500 g Möhren, in Scheiben geschnitten
Salz
50 g Margarine
50 g Weizen-Vollkornmehl
175 ml Magermilch, erwärmt (oder die Hälfte Milch, die Hälfte Kochwasser von den Möhren)
1 Eigelb
frisch gemahlener schwarzer Pfeffer
2 EL Minze, gehackt
3 Eiweiß
25 g Edamer, gerieben

Backofen auf 190° C vorheizen. Souffléform fetten.
Möhren weich dünsten oder in Salzwasser weich kochen. Abgießen und pürieren, falls gewünscht, 150 ml Kochwasser für die Sauce zurückbehalten.
Margarine in einem Topf zerlassen, Mehl einrühren und 1 Minute anschwitzen. Milch und Brühe, falls verwendet, nach und nach einrühren. Aufkochen lassen und unter Rühren 3 Minuten köcheln lassen. Von der Kochplatte nehmen, Eigelb, pürierte Möhren, Salz, Pfeffer und Minze einrühren. Eiweiß steif schlagen und unter die Möhrenmischung heben.
Masse in die Souffléform füllen und mit Käse bestreuen. Auf einen Rost setzen und 45 Minuten backen, bis das Soufflé gut aufgegangen und goldbraun ist. Sofort servieren.

Variation
100 g Linsen kochen, pürieren und statt der Möhren und der Minze mit je 1 EL Bohnenkraut und Petersilie und einer Prise Koriander in die Sauce geben.
In Portions-Souffléförmchen füllen und backen, je Person servieren.

Broccoli-Makkaroni-Auflauf
Foto gegenüber

4 Personen
Pro Portion: 340 Kal/1428 Joule,
3 g Fett, 10 g Ballaststoffe

225 g Vollkorn-Makkaroni
Salz
500 g Broccoli
400 g Tomaten aus der Dose
1 große Zwiebel, gehackt
1 Knoblauchzehe, zerdrückt
1 TL getrockneter Oregano
frisch gemahlener schwarzer Pfeffer
275 ml fettarmer Joghurt
100 g Magerquark
2 EL Weizenkleie

Garnitur
1 Stengel Petersilie

Makkaroni in reichlich sprudelnd kochendem Salzwasser 12–13 Minuten oder nach Packungsaufschrift garen, bis sie gerade weich sind. Abgießen und warm stellen. Broccoli putzen und dünsten oder in Salzwasser kernig weich kochen. Abgießen.
Tomaten, Zwiebel, Knoblauch und Oregano in einen Topf geben, salzen und pfeffern und 20 Minuten köcheln lassen oder so lange, bis die Zwiebel weich ist. Backofen auf 200° C vorheizen.
Eine Schicht Tomatensauce in eine ofenfeste Form geben, darauf eine Schicht Makkaroni geben, mit einer Lage Broccoli bedecken. So fortfahren, bis alle Zutaten verbraucht sind.
Joghurt und Quark verrühren, salzen und pfeffern. Über den Auflauf geben und etwa 30 Minuten backen, bis die Oberfläche Blasen wirft und goldbraun ist. Mit Kleie bestreuen, mit Petersilie garnieren und heiß servieren.

Nudelauflauf Florentiner Art (oben), Broccoli-Makkaroni-Auflauf (unten).

Nudelauflauf Florentiner Art
Foto gegenüber

4 Personen
Pro Portion: 355 Kal/1491 Joule,
10 g Fett, 18 g Ballaststoffe

225 g kurze Vollkorn-Makkaroni
Salz
700 g frischer Spinat
275 ml fettarmer Joghurt
2 Eier
50 g Edamer, gerieben
2 EL Weizenkleie
frisch gemahlener schwarzer Pfeffer
Prise Muskat

Garnitur
Etwas Petersilie, gehackt

Makkaroni in reichlich sprudelnd kochendem Salzwasser 12–13 Minuten oder nach Packungsanweisung garen, bis sie gerade weich sind. Abgießen und warm stellen. Spinat gut waschen, harte Stiele entfernen. Nur mit dem Wasser, das an den Blättern haftet, in einen großen Topf geben. Eine kräftige Prise Salz darüberstreuen und zugedeckt bei Mittelhitze 10–15 Minuten garen, dabei gelegentlich schütteln, bis der Spinat zusammengefallen und weich ist. In einem Sieb abtropfen lassen, die überschüssige Flüssigkeit fest ausdrücken.
Backofen auf 200° C vorheizen.
Joghurt mit Eiern, Käse und Kleie verrühren, mit Salz, Pfeffer und Muskat abschmecken. Auflaufform fetten und die Makkaroni einfüllen. Spinat darüber verteilen, Sauce darübergießen. Auf einen Rost stellen und 20–25 Minuten backen, bis die Oberfläche goldbraun ist. Mit Petersilie garnieren, heiß servieren.

Serviervorschlag
Dazu paßt ein Tomatensalat mit dünn gehobelten Zwiebelringen, da er sich in Farbe und Beschaffenheit gut abhebt.

Gnocchi mit Tomatensauce

4 Personen
Pro Portion: 360 Kal/1512 Joule,
20 g Fett, 5 g Ballaststoffe

Gnocchi
275 ml Milch
275 ml helle Fleischbrühe oder Gemüsebrühe (s. Seite 31 und 32)
1 Lorbeerblatt
100 g Vollweizengrieß
100 g Käse, gerieben
½ TL Senfpulver
Salz und frisch gemahlener schwarzer Pfeffer
Prise Muskat

Tomatensauce
25 g Margarine
1 EL Pflanzenöl
1 mittelgroße Zwiebel, fein gehackt
2 Knoblauchzehen, zerdrückt
900 g Tomaten aus der Dose
1 EL Weizenkleie
1 Lorbeerblatt
1 TL Zucker
1 EL gehackte Petersilie
1 TL getrockneter Oregano oder Basilikum
Salz und frisch gemahlener schwarzer Pfeffer

Für die Gnocchi Milch und Brühe mit dem Lorbeerblatt langsam zum Kochen bringen. Lorbeerblatt entfernen und unter Rühren den Grieß einstreuen. Bei Mittelhitze 4 Minuten rühren. Topf vom Herd nehmen, die Hälfte des Käses und das Senfpulver einrühren. Mit Salz, Pfeffer und Muskat würzen und die Mischung glattschlagen. Ein großes Backblech mit kaltem Wasser abspülen und die Grießmischung darauf verstreichen. Oberfläche glätten, das Ganze abkühlen lassen, dann 30 Minuten kalt stellen. Backofen auf 190° C vorheizen. Ofenfeste Form fetten. Grießmasse in Quadrate schneiden und die Gnocchi dachziegelartig in der Form anordnen. Mit dem restlichen Käse bestreuen, Pfeffer darübermahlen und das Ganze 15–20 Minuten backen, bis die Oberfläche goldbraun ist. Oder man grillt die Gnocchi auf der zweiten Schiene von oben – darauf achten, daß die Oberfläche nicht verbrennt. Heiß mit der Tomatensauce servieren.
Die Tomatensauce kann schon länger im voraus zubereitet und aufgewärmt werden: Margarine und Öl in einem Topf erhitzen. Zwiebel bei Mittelhitze 3 Minuten andünsten, dabei gelegentlich umrühren. Dann den Knoblauch zufügen, alles noch 1 Minute dünsten. Tomaten dazugeben, Kleie, Lorbeerblatt, Zucker und Kräuter unterrühren. Die Sauce mit Salz und Pfeffer abschmecken, zum Kochen bringen, dabei gelegentlich umrühren, noch etwa 30 Minuten köcheln lassen. Lorbeerblatt herausnehmen. Heiß servieren.

Spaghetti mit heißgerührtem Gemüse

6 Personen
Pro Portion: 320 Kal/1344 Joule,
6 g Fett, 3 g Ballaststoffe

400 g Vollkorn-Spaghetti
1 EL Pflanzenöl
1 große Zwiebel, in Scheiben geschnitten
2 kleine Stangen Lauch, in dünne Scheiben geschnitten
1 große Möhre, in dünne Scheiben geschnitten
1 Knoblauchzehe, fein gehackt
1 Stück eingelegter Ingwer, gewaschen und in dünne Scheibchen geschnitten
Spritzer Sojasauce
3 EL trockener Sherry
Salz und frisch gemahlener schwarzer Pfeffer

Spaghetti in einem großen Topf in reichlich sprudelnd kochendem Salzwasser 12–13 Minuten oder nach Packungsanweisung garen, bis sie gerade weich sind. Abtropfen lassen, in eine Schüssel oder auf Teller geben und warm stellen.
Öl in einem großen Topf erhitzen, Zwiebel bei Mittelhitze 2 Minuten unter Rühren darin anschwitzen. Lauch und Möhre zufügen und 2–3 Minuten unter Rühren anbraten, dann Knoblauch und Ingwer zugeben. Eine weitere Minute unter Rühren braten, dann Sojasauce, Sherry, Salz und Pfeffer zufügen. Umrühren, Gemüse kurz erhitzen und dann über die Spaghetti verteilen. Nicht durchmischen, sofort servieren.

Makkaroni-Gemüsetopf

4 Personen
Pro Portion: 200 Kal/840 Joule,
1 g Fett, 8 g Ballaststoffe

1 große Möhre, in dünne Scheiben geschnitten
2 kleine Stangen Lauch, in Scheiben geschnitten
2 mittelgroße Kartoffeln, gewürfelt
275 ml helle Fleischbrühe oder Gemüsebrühe (s. Seite 31 und 32)
175 g kurze Vollkorn-Makkaroni
Salz
2 große Tomaten, gehäutet und geviertelt

Garnitur
1 EL Minze, gehackt

Gemüse mit der Brühe in einen Topf geben, aufkochen lassen und zugedeckt etwa 15 Minuten köcheln lassen oder so lange, bis sie gerade weich sind. Abgießen.
Inzwischen die Makkaroni in Salzwasser 12–13 Minuten oder nach Packungsanweisung kochen, bis sie gerade weich sind. Abgießen.
Gemüse mit den Makkaroni und den Tomaten vermischen, salzen und pfeffern und nochmals erhitzen. In einer vorgewärmten Schüssel anrichten und mit der Minze bestreuen.

Linsen-Lasagne

4 Personen
Pro Portion: 405 Kal/1701 Joule,
18 g Fett, 5 g Ballaststoffe

100 g Vollkorn-Lasagneblätter
Salz
100 g Linsen, gewaschen und abgetropft

Tomatensauce
1 EL Pflanzenöl
15 g Margarine
1 mittelgroße Zwiebel, gehackt
1 Knoblauchzehe, zerdrückt
400 g Tomaten aus der Dose
1 EL Tomatenmark
frisch gemahlener schwarzer Pfeffer
2 TL getrockneter Oregano

Weiße Sauce
25 g Margarine
25 g Weizen-Vollkornmehl
425 ml Milch
2 Eier, verquirlt
Prise Muskat

Lasagneblätter in reichlich sprudelnd kochendem Salzwasser 13–14 Minuten oder nach Packungsanweisung kochen, bis sie gerade weich sind. Abtropfen lassen, jedes Blatt getrennt nebeneinander auf ein Küchentuch oder auf Küchenkrepp legen.
Linsen 45–50 Minuten garen. Salz kurz vor Ende der Garzeit zufügen. Abtropfen lassen.
Inzwischen die Tomatensauce zubereiten: Öl und Margarine in einem Topf erhitzen, Zwiebel und Knoblauch bei Mittelhitze 3 Minuten darin andünsten, nicht bräunen lassen. Tomaten zufügen,

gut umrühren und etwa 30 Minuten köcheln lassen, bis die Sauce dick ist. Tomatenmark und die gegarten, abgetropften Linsen zufügen. Salzen und pfeffern, mit Oregano würzen und noch 5 Minuten köcheln lassen.
Auflaufform fetten. Eine Schicht Tomatensauce darin verteilen, darüber eine Schicht Lasagneblätter legen und die Form auf diese Weise füllen. Mit einer Schicht Sauce abschließen.
Backofen auf 200° C vorheizen.
Für die weiße Sauce Margarine in einem kleinen Topf zerlassen. Mehl einrühren und 1 Minute anschwitzen. Nach und nach mit der Milch aufgießen, aufkochen lassen und unter Rühren 3 Minuten köcheln lassen. Die Sauce nach und nach unter die verquirlten Eier rühren und mit Salz, Pfeffer und Muskat abschmecken. Über den Auflauf gießen. Mit einem Messer mehrmals durch alle Schichten stechen, damit die weiße Sauce eindringen kann. Form auf einen Rost stellen und die Lasagne 50–60 Minuten backen, bis die Oberfläche goldbraun ist. Heiß servieren.

Vollkornpizza

Foto gegenüber

---

4 Personen
Pro Portion: 405 Kal/1701 Joule,
16 g Fett, 10 g Ballaststoffe

Teig
225 g Weizen-Vollkornmehl
2 TL Backpulver
Prise Salz
½ TL getrocknete, gemischte Kräuter
175 ml Milch

Belag
1 EL Pflanzenöl
2 große Zwiebeln, in Scheiben geschnitten
2 Knoblauchzehen, gehackt
1 EL Weizenkleie
1 EL Petersilie, gehackt
4 große Tomaten, in Scheiben geschnitten
½ TL Zucker
½ TL getrocknetes Basilikum
1 grüner Paprika, in Ringe geschnitten
100 g Champignons, blättrig geschnitten
2 EL gefüllte grüne Oliven, in Scheiben geschnitten
Salz und frisch gemahlener schwarzer Pfeffer
75 g Magerquark
75 g Käse, gerieben

Backblech fetten.
Mehl mit Backpulver und Salz durchsieben, dann die im Sieb hängengebliebene Kleie und die Kräuter zufügen. Mit der Milch zu einem festen Teig verarbeiten. Auf einer leicht bemehlten Fläche ausrollen und zu einem Teigboden mit 20 cm Durchmesser formen. Auf das Backblech legen.
Backofen auf 220° C vorheizen.
Öl in einem Topf erhitzen, Zwiebeln bei Mittelhitze unter gelegentlichem Rühren 3 Minuten andünsten, dann den Knoblauch zufügen und eine weitere Minute dünsten. Kleie, Petersilie und 1 Tomate unterrühren, das Ganze 2–3 Minuten köcheln lassen. Diese Zwiebelmischung auf die Pizza streichen, mit Zucker und Basilikum bestreuen. Restliche Tomaten, Paprika, Champignons und Oliven hübsch darauf verteilen, salzen und pfeffern. Quark löffelweise daraufsetzen und verstreichen, zum Schluß den Käse darüberstreuen. 25–30 Minuten backen, bis der Teig aufgegangen und die Oberfläche goldbraun ist. Heiß servieren.

Spaghetti mit Gemüsesauce (oben und Mitte, s. Seite 66), Vollkornpizza (unten).

Spaghetti mit Gemüsesauce

Foto Seite 65

---

6 Personen
Pro Portion: 250 Kal/1050 Joule,
8 g Fett, 9 g Ballaststoffe

---

400 g Vollkorn-Spaghetti
Salz
2 mittelgroße Möhren, gewürfelt
1 kleiner Blumenkohl, in Röschen zerteilt
2 mittelgroße Zucchini, in Scheiben geschnitten
225 g grüne Bohnen, in Stücke geschnitten
50 g Margarine
100 g Champignons, große Pilze in Scheiben geschnitten
225 g Tomaten, gehäutet und in Scheiben geschnitten
1 EL Weizen-Vollkornmehl
425 ml helle Fleischbrühe oder Gemüsebrühe (s. Seite 31 und 32)
frisch gemahlener schwarzer Pfeffer
1 EL Oregano, gehackt

Spaghetti in einem großen Topf in sprudelnd kochendem Salzwasser 12–13 Minuten oder nach Packungsanweisung garen, bis sie gerade weich sind. Abgießen und warm stellen.
Inzwischen Möhren, Blumenkohl, Zucchini und grüne Bohnen entweder in Salzwasser kochen oder dünsten, bis sie gerade weich sind. Abgießen und warm stellen.
Die Hälfte der Margarine in einem Topf zerlassen, Pilze und Tomaten bei Mittelhitze 5 Minuten dünsten. Die gegarten Gemüse zugeben.
Die restliche Margarine in einem kleineren Topf zerlassen, Mehl einrühren und 1–2 Minuten anschwitzen. Nach und nach die Brühe zugießen, aufkochen lassen und etwa 3 Minuten köcheln lassen, bis die Sauce sämig und angedickt ist. Oregano einrühren und die Sauce über die Gemüse gießen. Gut durchmengen, dann die Spaghetti mit zwei großen Gabeln unterheben, bis die Sauce gleichmäßig verteilt ist. Nach Belieben geriebenen Parmesan dazu reichen.

Spaghetti mit Champignon-Walnußsauce

---

6 Personen
Pro Portion: 310 Kal/1302 Joule,
15 g Fett, 9 g Ballaststoffe

---

400 g Vollkorn-Spaghetti
Salz
2 EL Pflanzenöl
1 große Zwiebel, in Scheiben geschnitten
2 Knoblauchzehen, zerdrückt
325 g Tomaten, gehäutet und in Scheiben geschnitten
350 g Champignons, in Scheiben geschnitten
100 g Walnüsse, grob gehackt
2 EL Petersilie, gehackt
frisch gemahlener schwarzer Pfeffer

Garnitur
Schwarze Oliven

Spaghetti in einem großen Topf in reichlich sprudelnd kochendem Salzwasser etwa 12–13 Minuten oder nach Packungsanweisung garen, bis sie gerade weich sind. Abgießen, in eine Schüssel oder auf Teller geben und warm stellen.
Inzwischen das Öl in einem großen Topf erhitzen, Zwiebel und Knoblauch hineingeben und bei Mittelhitze 3–4 Minuten andünsten. Tomaten und Champignons zugeben, gut umrühren und den Topf zudecken. Etwa 10 Minuten leise köcheln lassen, dabei den Topf gelegentlich schütteln. Walnüsse und Petersilie zugeben und Pfeffer darübermahlen. Weitere 2–3 Minuten köcheln lassen. Sauce über die Spaghetti gießen, mit zwei Gabeln untermischen. Mit Oliven garnieren, sehr heiß servieren.

Buntes Risotto

4 Personen
Pro Portion: 415 Kal/1743 Joule,
17 g Fett, 4 g Ballaststoffe

25 g Margarine
1 EL Pflanzenöl
1 mittelgroße Zwiebel, gehackt
1 Knoblauchzehe, zerdrückt
4 Stangen Sellerie, in dünne Scheibchen geschnitten
225 g brauner Langkornreis
1 grüner Paprika, klein geschnitten
1 roter Paprika, in dünne Streifen geschnitten
100 g Champignons, blättrig geschnitten
100 g Tiefkühl-Erbsen, aufgetaut
575 ml helle Fleischbrühe oder Gemüsebrühe (s. Seite 31 und 32)
Salz und frisch gemahlener Pfeffer
100 g Edamer, gerieben

Garnitur
1 EL Petersilie, gehackt

Margarine und Öl in einem großen Topf erhitzen und die Zwiebel bei Mittelhitze 4 Minuten andünsten, dabei gelegentlich umrühren. Knoblauch und Sellerie zufügen und 2 Minuten andünsten. Reis zugeben und umrühren, bis die Reiskörner gründlich mit Öl überzogen sind. Dann Paprika, Champignons und Erbsen zufügen. Das Ganze mit Brühe aufgießen, salzen und pfeffern und unter gelegentlichem Rühren aufkochen lassen. Hitze reduzieren, Topf zudecken und den Risotto 35–40 Minuten köcheln lassen oder so lange, bis der Reis weich ist. Dabei nicht umrühren. Wird der Reis beim Kochen zu trocken, mehr Brühe zufügen. Zum Schluß die Hälfte des Käses zugeben und so lange rühren, bis er geschmolzen ist. Den Risotto in einer vorgewärmten Schüssel anrichten und mit dem restlichen Käse bestreuen. Mit Petersilie garnieren.

Brotauflauf mit Käse

4 Personen
Pro Portion: 400 Kal/1680 Joule,
22 g Fett, 7 g Ballaststoffe

6 große Scheiben Vollkornbrot
40 g Margarine
2 TL mittelscharfer Senf
1 kleine Zwiebel, fein gehackt
4 Stangen Sellerie, in dünne Scheibchen geschnitten
100 g Edamer, gerieben
2 EL Petersilie, gehackt
1 TL Selleriegrün, gehackt
Salz und frisch gemahlener schwarzer Pfeffer
2 Eier, verquirlt
400 ml Milch

Backofen auf 180° C vorheizen.
Vom Brot die Rinde abschneiden, dann die Scheiben zuerst dünn mit zwei Drittel der Margarine, dann mit Senf bestreichen. In Dreiecke schneiden.
Restliche Margarine in einem kleinen Topf zerlassen. Zwiebel und Sellerie bei Mittelhitze 3–4 Minuten darin andünsten, dabei gelegentlich umrühren. Die Gemüse dürfen nicht bräunen.
Den Boden einer Auflaufform mit einer Schicht Brot auslegen. Darauf etwas Gemüse, Käse, Petersilie und Selleriegrün verteilen, salzen und pfeffern.
Form auf diese Weise Schicht für Schicht füllen. Etwa ein Viertel des Käses für den Belag zurückbehalten.
Eier mit der Milch verschlagen, salzen und pfeffern, über die Schichten gießen, restlichen Käse daraufstreuen. Auflaufform auf einen Rost stellen und 30–35 Minuten backen, bis der Auflauf aufgegangen und die Oberfläche knusprig und goldbraun ist. Heiß servieren.

Gefüllte Auberginen

Foto gegenüber

4 Personen
Pro Portion: 345 Kal/1449 Joule,
18 g Fett, 15 g Ballaststoffe

2 mittelgroße Auberginen
1 EL Pflanzenöl
2 große Zwiebeln, gehackt
2 Knoblauchzehen, zerdrückt
175 g Champignons
4 große Tomaten, gehäutet und gewürfelt
1 TL Tomatenmark
75 g Vollkornbrösel (s. Tip Seite 27)
2 EL Weizenkleie
50 g abgezogene Mandeln, gehackt
1 EL Petersilie, gehackt
1 TL Zitronensaft
Salz und frisch gemahlener schwarzer Pfeffer
50 g Käse, gerieben

Backofen auf 180° C vorheizen. Auberginenschalen mit einer Gabel einstechen, damit sie nicht aufplatzen. Auberginen auf ein Backblech legen und 30 Minuten backen, dabei einmal umdrehen. Der Länge nach halbieren und aushöhlen, an den Wänden jedoch genügend Fruchtfleisch belassen. Herausgelöstes Fruchtfleisch hacken. Den Ofen nicht abschalten.
Öl in einer Pfanne erhitzen und die Zwiebeln bei Mittelhitze unter gelegentlichem Rühren andünsten. Knoblauch zufügen, noch 1 Minute dünsten. Champignons klein schneiden und mit den Tomaten und dem Tomatenmark in die Pfanne geben. 5 Minuten köcheln lassen, dabei gelegentlich umrühren. Dann das Auberginenfleisch, zwei Drittel der Brösel, die Hälfte der Kleie, die Mandeln, Petersilie und den Zitronensaft zufügen, pfeffern und salzen. Gut umrühren und 2–3 Minuten dünsten.
Auberginenhälften in eine ofenfeste Form setzen und mit der Masse füllen. Restliche Brösel, Kleie und den Käse vermischen und über die Auberginen streuen, Belag fest auf die Füllung drükken. 20–25 Minuten überbacken, bis der Käse goldbraun ist. Heiß servieren.

Serviervorschläge
Zu überbackenen Gerichten wie diesem paßt gut gedünsteter Broccoli, mit gehacktenWalnüssen bestreut, oder Blattspinat, mit einer kleinen Prise Muskat gewürzt.

Linsen mit Reis

Foto gegenüber

4 Personen
Pro Portion: 440 Kal/1848 Joule,
2 g Fett, 12 g Ballaststoffe

350 g Linsen, eingeweicht und abgetropft (s. Seite 58)
175 g brauner Langkornreis
2 TL Currypulver
1 EL Petersilie, gehackt
Salz und frisch gemahlener schwarzer Pfeffer
2 kleine Zwiebeln, in dünne Ringe geschnitten
1 roter Paprika, in Ringe geschnitten

Linsen ohne Salz 40–45 Minuten kochen oder so lange, bis sie weich sind. Gut abtropfen lassen.
Inzwischen den Reis in sprudelnd kochendem Salzwasser 30–40 Minuten garen, bis er gerade weich ist, abgießen, in den noch heißen Reis das Currypulver einrühren.
Linsen und Reis vermischen, Petersilie zugeben und das Ganze mit Salz und Pfeffer abschmecken. In einer vorgewärmten Schüssel anrichten, mit den Zwiebel- und Paprikaringen garnieren.

Linsen mit Reis (oben), Gefüllte Auberginen (unten).

Linsen-Curry

4 Personen
Pro Portion: 280 Kal/1176 Joule,
8 g Fett, 10 g Ballaststoffe

225 g Linsen
1 Lorbeerblatt
2 kleine Zwiebeln, in Scheiben geschnitten
2 Knoblauchzehen, zerdrückt
575 ml helle Fleischbrühe (s. Seite 31)
1 kleiner Blumenkohl
2 EL Pflanzenöl
4 Stangen Sellerie, in dünne Scheiben geschnitten
2 TL Currypulver
2 Äpfel, entkernt und in Scheiben geschnitten
1 EL Zitronensaft
½ TL Salz
1 EL Petersilie, gehackt

Garnitur
4 Zitronenschnitze

Linsen mit dem Lorbeerblatt, 1 Zwiebel, 1 Knoblauchzehe und der Brühe in einen Topf geben. Aufkochen lassen, zugedeckt 40–45 Minuten leise köcheln lassen und dabei gelegentlich umrühren. Die Linsen müssen weich sein und die Brühe aufgesogen haben. Blumenkohl in kleine Röschen zerteilen und dünsten oder in Salzwasser kochen, bis er gerade weich ist. Gut abtropfen lassen.
Inzwischen das Öl in einem Topf erhitzen, die restliche Zwiebel und den Sellerie 3–4 Minuten bei Mittelhitze darin andünsten. Restlichen Knoblauch und das Currypulver zugeben und 2–3 Minuten unter Rühren dünsten. Blumenkohl, Apfelscheiben, Zitronensaft und Salz zufügen. Gekochte Linsen und den größten Teil der Petersilie untermischen. In eine vorgewärmte Schüssel geben und mit der restlichen Petersilie bestreuen, mit Zitrone garnieren.

Serviervorschläge
Zu diesem Currygericht kann man braunen Reis und verschiedene Beilagen reichen, zum Beispiel Joghurt mit gehackter Minze und Gurkenwürfelchen, dünne Paprika- und Zwiebelringe, Tomaten und Schalotten, Bananenscheiben, Kokosflocken und Chutneys. Auch Fladenbrote, vor allem indische (siehe unten), passen ausgezeichnet dazu.

Variationen
Das Curry kann auch mit anderen Gemüsen, zum Beispiel mit in Streifen geschnittenen roten und grünen Paprika, Zucchinis, grünen Bohnen und Erbsen zubereitet werden. Die Gemüse sollten noch Biß haben und nicht zu einer breiigen Masse verrührt werden.

Indisches Fladenbrot

Ergibt 12 Fladen
Je Fladen: 60 Kal/252 Joule,
kein nennenswerter Fettgehalt,
2 g Ballaststoffe

225 g Weizen-Vollkornmehl
Prise Salz
Wasser für den Teig (siehe Text)

Mehl und Salz vermischen und nach und nach so viel Wasser zugießen, daß ein fester Teig entsteht. Wieviel Wasser man braucht, hängt von der verwendeten Mehlsorte ab. Hände einmehlen und den Teig in 12 Stücke teilen. Jedes Stück zu einer Kugel formen, diese dann auf einer bemehlten Fläche zu großen runden Fladen ausrollen. Einzeln in einer schweren Pfanne auf jeder Seite 2 Minuten backen.
Fladen können schon im voraus zubereitet werden und kurz in einer Bratpfanne erhitzt oder auf einem Blech im Backofen bei 180° C 10 Minuten aufgebacken werden.

Linsenfladen

4 Personen
Pro Portion: 360 Kal/1512 Joule,
16 g Fett, 15 g Ballaststoffe

175 g gespaltene rote Linsen
1 kleine Zwiebel, gehackt
1 Lorbeerblatt
½ TL Kreuzkümmel, gemahlen
2 mittelgroße Tomaten, gehäutet und gewürfelt
425 ml helle Fleischbrühe oder Gemüsebrühe (s. Seite 31 und 32)
100 g abgezogene Mandeln, gehackt
75 g Vollkornbrösel (s. Tip Seite 27)
2 EL Weizenkleie
Salz und frisch gemahlener schwarzer Pfeffer
2 EL Petersilie, gehackt
1 Ei, verquirlt

Linsen mit der Zwiebel, dem Lorbeerblatt, Kreuzkümmel, Tomaten und Brühe in einen Topf geben. Zum Kochen bringen und zugedeckt 30–40 Minuten leise köcheln lassen, dabei gelegentlich umrühren. Die Linsen müssen weich sein und die Brühe aufgesogen haben. Lorbeerblatt entfernen, Linsenbrei glattschlagen und abkühlen lassen.
Backofen auf 190° C vorheizen. Backblech fetten.
Mandeln, Brösel und Kleie vermischen und die Hälfte davon in die Linsen einrühren, salzen und pfeffern und die Petersilie unterrühren. Zum Schluß das Ei unterziehen, damit die Masse gebunden wird.
Hände mit Vollkornmehl einmehlen, Linsenteig in 8 Teile teilen und daraus runde, flache Fladen formen. Die restliche Bröselmischung auf einem Teller verteilen und die Fladen auf beiden Seiten damit gründlich panieren.
Fladen auf das Blech legen und 20–25 Minuten goldbraun backen, dabei einmal wenden. Heiß oder kalt servieren.

Serviervorschlag
Linsenfladen schmecken besonders gut mit einer gut gewürzten Tomatensauce – fügen Sie der Sauce von Seite 62 (Rezept Gnocchi) eine Prise Cayennepfeffer oder Paprika zu. Man kann als Beilage fast alle Gemüse oder Salate reichen, trockene Gerichte eignen sich jedoch weniger.

Linsen-Kartoffel-Pie

4 Personen
Pro Portion: 400 Kal/1680 Joule,
7 g Fett, 13 g Ballaststoffe

350 g gespaltene rote Linsen, gewaschen und abgetropft
4 EL Petersilie, gehackt
Salz und frisch gemahlener schwarzer Pfeffer
350 g Kartoffeln
1 EL Margarine
25 g Edamer, gerieben

Backofen auf 180° C vorheizen. Ofenfeste Form fetten.
Linsen ohne Salz 30–40 Minuten kochen oder so lange, bis sie weich sind. Gut abtropfen lassen und mit einem Holzlöffel zu Püree schlagen. Die Hälfte der Petersilie unterrühren, salzen und pfeffern.
Inzwischen Kartoffeln in Salzwasser weich kochen. Abgießen, Margarine zugeben und Kartoffeln pürieren, salzen und pfeffern.
Linsenpüree in die Form füllen, Kartoffelbrei darüber verstreichen und mit dem Käse bestreuen. 30–35 Minuten überbacken, bis die Oberfläche knusprig und goldbraun ist. Mit der restlichen Petersilie bestreuen.

Bohnentopf
Foto gegenüber

4 Personen
Pro Portion: 190 Kal/798 Joule,
5 g Fett, 14 g Ballaststoffe

175 g getrocknete grüne oder weiße Bohnen, eingeweicht und abgetropft
500 g grüne Bohnen, geputzt und in Stücke geschnitten
1 EL Pflanzenöl
2 TL Zitronensaft
Salz und frisch gemahlener Pfeffer
2 EL Bohnenkraut, gehackt

Getrocknete Bohnen ohne Salz etwa 1 Stunde lang kochen, bis sie weich sind. Gut abtropfen lassen und warm stellen. Inzwischen grüne Bohnen dünsten oder in Salzwasser kochen, bis sie gerade weich sind. Abtropfen lassen. Öl und Zitronensaft verrühren, salzen und pfeffern und den größten Teil des Bohnenkrauts unterrühren. Frische und getrocknete Bohnen vermischen und die Marinade unter die noch heißen Bohnen ziehen. In einer vorgewärmten Schüssel anrichten, mit den restlichen Kräutern garnieren. Heiß servieren.

Pikante rote Bohnen

4 Personen
Pro Portion: 170 Kal/714 Joule,
1 g Fett, 16 g Ballaststoffe

225 g getrocknete rote Bohnen, eingeweicht und abgetropft (s. Seite 58)
400 g Tomaten aus der Dose
1 große Zwiebel, gehackt
1 Knoblauchzehe, zerdrückt
½ TL Cayennepfeffer, Salz

Garnitur
1 EL Petersilie, gehackt

Bohnen ohne Salz etwa 1 Stunde kochen, bis sie fast weich sind. Abgießen. Tomaten, Zwiebel und Knoblauch, Cayennepfeffer und etwas Salz vermischen und 5 Minuten dünsten, bis die Sauce leicht dicklich wird. Abgetropfte Bohnen zufügen und das Ganze zugedeckt 15 Minuten köcheln lassen. In eine vorgewärmte Schüssel geben und mit der Petersilie garnieren.

Weiße Bohnen Provencalische Art
Foto gegenüber

4 Personen
Pro Portion: 175 Kal/735 Joule,
5 g Fett, 16 g Ballaststoffe

225 g weiße Bohnen, eingeweicht und abgetropft (s. Seite 58)
400 g Tomaten aus der Dose
1 große Zwiebel, gehackt
1 Knoblauchzehe, zerdrückt
1 TL getrockneter Oregano
Salz und frisch gemahlener schwarzer Pfeffer

Garnitur
1 kleine Zwiebel, in Ringe geschnitten

Bohnen ohne Salz etwa 1 Stunde kochen oder so lange, bis sie weich sind, abtropfen lassen.
Inzwischen Tomaten, Zwiebel, Knoblauch und Oregano vermischen, salzen und pfeffern und etwa 5 Minuten dünsten, bis die Sauce leicht dicklich ist. Die abgetropften Bohnen zufügen und das Ganze 20 Minuten köcheln lassen.
In eine vorgewärmte Schüssel geben und mit den Zwiebelringen garnieren.

Weiße Bohnen Provencalische Art (oben), Bohnentopf (unten).

Gemüse-Pie Gärtnerin

4 Personen
Pro Portion: 510 Kal/2142 Joule, 24 g Fett, 16 g Ballaststoffe

Füllung
225 g Lauch, in Scheiben geschnitten
1 große Zwiebel, in Scheiben geschnitten
225 g Möhren, in Scheiben geschnitten
225 g Stangensellerie, in Scheiben geschnitten
225 g Pastinaken, gewürfelt
1 grüner Paprika, klein geschnitten
25 g Margarine
25 g Weizen-Vollkornmehl
275 ml Milch
75 g gekochte weiße Bohnen
Salz und frisch gemahlener schwarzer Pfeffer
Prise Muskat

Teigdeckel
175 g Weizen-Vollkornmehl
Prise Salz
75 g Margarine
etwa 2 EL Wasser
Milch zum Bestreichen

Gemüse in Salzwasser etwa 20 Minuten kochen, bis sie weich sind.
Margarine in einem Topf zerlassen, Mehl zufügen und unter Rühren 1 Minute anschwitzen. Nach und nach Milch zugießen, aufkochen lassen und unter Rühren 3 Minuten köcheln lassen. Vom Herd nehmen, weiße Bohnen und Gemüse zufügen. Mit Salz, Pfeffer und Muskat würzen und alles gut vermischen. In eine Pie- oder Auflaufform füllen und abkühlen lassen.
Backofen auf 200° C vorheizen.
Für den Teig Mehl mit Salz vermischen. Margarine darunterreiben, bis eine feinbröselige Mischung entsteht, Wasser zugeben und alles zu einem festen Teig verarbeiten. Auf einer leicht bemehlten Fläche auf die Größe der Form ausrollen. Den oberen Rand der Form einfetten, Teig über die Form breiten, andrücken, Ränder zurechtschneiden und wellenartig zurechtdrücken. Teigdeckel mit Milch bestreichen. Aus den Teigresten Blattformen ausschneiden und den Teigdeckel damit verzieren. Das Ganze nochmals mit Milch bestreichen, in die Mitte des Teigdeckels ein Loch stechen, damit der Dampf entweichen kann.
25–30 Minuten backen, bis der Teigdeckel goldbraun ist.

Bohnen mit Gerste

4 Personen
Pro Portion: 150 Kal/630 Joule, 2 g Fett, 12 g Ballaststoffe

175 g weiße oder andere getrocknete Bohnen, eingeweicht und abgetropft (s. Seite 58)
40 g Gerste, eingeweicht und abgetropft (s. Seite 58)
1 TL Pflanzenöl
1 große Zwiebel, gehackt
1 Knoblauchzehe, zerdrückt
2 EL Petersilie, gehackt
Salz und frisch gemahlener Pfeffer

Bohnen und Gerste getrennt etwa 1 Stunde weich kochen. Gut abtropfen lassen. Inzwischen Öl in einem kleinen Topf erhitzen, Zwiebel und Knoblauch zufügen und bei schwacher Hitze 10 Minuten dünsten. Hitze höher schalten und Zwiebel unter gelegentlichem Rühren goldbraun braten.
Bohnen, Gerste und Zwiebel vermischen. Petersilie unterrühren, jedoch etwas zum Garnieren zurückbehalten. Salzen und pfeffern. In eine vorgewärmte Schüssel füllen und mit der restlichen Petersilie garnieren.

Serviervorschlag
Dazu Indisches Fladenbrot (s. Seite 70).

Dicke Bohnen

4 Personen
Pro Portion: 150 Kal/630 Joule,
4 g Fett, 12 g Ballaststoffe

2 TL Pflanzenöl
1 große Zwiebel, in Scheiben geschnitten
1 Knoblauchzehe, zerdrückt
2 Stangen Sellerie, in Scheiben geschnitten
2 mittelgroße Möhren, gewürfelt
425 ml helle Fleischbrühe oder Gemüsebrühe (s. Seite 31 und 32)
900 g dicke Bohnen, entschotet
1 EL gehacktes Bohnenkraut oder Petersilie
Salz und frisch gemahlener schwarzer Pfeffer

Garnitur
1 EL Butterbrösel (s. Seite 42)

Öl in einem Topf erhitzen, Zwiebel und Knoblauch darin bei schwacher Hitze 10 Minuten dünsten. Sellerie und Möhren zufügen, Hitze höher schalten und das Gemüse 3 Minuten unter gelegentlichem Umrühren andünsten. Brühe zugießen, das Ganze zum Kochen bringen und zugedeckt 15 Minuten köcheln lassen.
Inzwischen die Bohnen dünsten oder in Salzwasser kochen, bis sie beinahe weich sind, also noch Biß haben. Abgießen. Die gegarten Bohnen und die Kräuter zum restlichen Gemüse geben, mit Salz und Pfeffer abschmecken und noch so lange dünsten, bis alle Gemüse weich sind.
In einer vorgewärmten Schüssel anrichten und kurz vor dem Servieren mit Butterbröseln bestreuen.

Serviervorschlag
Dazu gemischte Wurzelgemüse, zum Beispiel Kartoffeln mit Pastinaken, oder kleine weiße Rübchen reichen.

Sojabohnenauflauf

4 Personen
Pro Portion: 300 Kal/1260 Joule,
12 g Fett, 5 g Ballaststoffe

250 g getrocknete Sojabohnen, eingeweicht und abgetropft (s. Seite 58)
1 große Zwiebel, in Scheiben geschnitten
500 g Tomaten, gehäutet und in Scheiben geschnitten
1 EL Petersilie, gehackt
1 EL Oregano, gehackt
Salz und frisch gemahlener schwarzer Pfeffer
275 ml dunkle Fleischbrühe (s. Seite 32)
25 g Edamer, gerieben

Sojabohnen ohne Salz etwa 3 Stunden kochen, bis sie gerade weich sind. Abgießen.
Backofen auf 190° C vorheizen. Ofenfeste Form fetten.
Die Hälfte der Sojabohnen in der Auflaufform verteilen. Mit der Hälfte der Zwiebeln und der Tomaten bedecken, die Hälfte der Kräuter darüberstreuen. Salzen und pfeffern. Dieselben Schichten noch einmal einfüllen, Brühe darübergießen und das Ganze mit Käse bestreuen. Zugedeckt 30 Minuten backen. Deckel abnehmen und noch 20 Minuten backen, bis die Oberfläche knusprig und goldbraun ist. Sehr heiß servieren.

Nächste Seiten: Ratatouille (links, s. Seite 78), Rotkohl mit Maronen (Mitte, s. Seite 78), Gemüseauflauf (rechts, s. Seite 79).

Ratatouille

Foto Seite 76

4 Personen
Pro Portion: 125 Kal/525 Joule, 8 g Fett, 4 g Ballaststoffe

1 mittelgroße Aubergine
Salz
2 EL Pflanzenöl
1 mittelgroße Zwiebel, gehackt
1 Knoblauchzehe, zerdrückt
1 roter Paprika, geputzt und in Streifen geschnitten
1 grüner Paprika, geputzt und in Streifen geschnitten
225 g Zucchini, in Scheiben geschnitten
225 g Tomaten, gehäutet und gewürfelt
50 g Tomatenmark
275 ml heiße helle Fleischbrühe oder Gemüsebrühe (s. Seite 31 und 32)
frisch gemahlener schwarzer Pfeffer
2 EL Petersilie, gehackt

Aubergine würfeln und mit Salz bestreuen. In einem Sieb 30 Minuten abtropfen lassen, dann unter fließendem kaltem Wasser abspülen. Mit Küchenkrepp trocken tupfen.
Öl in einem großen Topf erhitzen. Zwiebel und Knoblauch bei Mittelhitze 3 Minuten andünsten, dann Auberginenwürfel, Paprika, Zucchini und Tomaten zufügen. Gut umrühren und 3 Minuten andünsten. Tomatenmark mit der heißen Brühe verrühren, kräftig mit Salz und Pfeffer abschmecken und über das Gemüse gießen. Zum Kochen bringen und 30–45 Minuten köcheln lassen, bis die Gemüse weich, aber noch nicht zerfallen sind. Petersilie unterrühren.

Serviervorschläge
Wird die Ratatouille heiß gegessen, richtet man sie in einer vorgewärmten Schüssel an und reicht sie zu gegrilltem Fleisch oder Fisch.
Ißt man sie kalt, läßt man sie im Topf abkühlen und stellt sie dann zugedeckt in den Kühlschrank. Kalte Ratatouille ist eine köstliche Vorspeise. Man kann sie auch als Beilage zu pikanten Kuchen, Pasteten oder kaltem Fleisch reichen.

Rotkohl mit Maronen

Foto Seite 76/77

4 Personen
Pro Portion: 145 Kal/609 Joule, 6 g Fett, 7 g Ballaststoffe

1 kleiner Rotkohl, fein gehobelt
25 g Margarine
1 große Zwiebel, in Scheiben geschnitten
2 große Kochäpfel, entkernt und klein geschnitten
100 g Maronen, grob gehackt
2 EL Rotweinessig
1 TL brauner Zucker
1 EL Gemüsebrühe (s. Seite 32)
Salz und frisch gemahlener Pfeffer

Backofen auf 180° C vorheizen. Ofenfeste Form fetten.
Margarine in einem Topf zerlassen. Zwiebel und Äpfel bei Mittelhitze 3 Minuten darin andünsten, bis sie weich, aber nicht gebräunt sind.
Eine Schicht Rotkohl in die Form geben, darauf etwas von der Zwiebelmischung geben und mit etwas von den Maronen bestreuen. Das Ganze schichtweise einfüllen, mit Rotkohl abschließen.
Essig, Zucker und Brühe verrühren, salzen und pfeffern und über den Rotkohl gießen. Zugedeckt 1½ Stunden backen oder so lange, bis der Rotkohl weich ist.

Serviervorschlag
Rotkohl ist die traditionelle Beilage zu Schweinebraten, Gans und Ente. Er schmeckt jedoch ebenso gut zu weniger fettem Lamm- oder Rindfleisch.

Bohnen-Reistopf Südamerikanisch

4 Personen
Pro Portion: 260 Kal/1092 Joule,
1 g Fett, 16 g Ballaststoffe

225 g weiße Bohnen, eingeweicht und abgetropft (s. Seite 58)
575 ml helle Fleischbrühe oder Gemüsebrühe (s. Seite 31 und 32)
500 g Tomaten, gehäutet und klein geschnitten (oder Tomaten aus der Dose)
100 g brauner Langkornreis
Salz und frisch gemahlener schwarzer Pfeffer
Prise Cayennepfeffer
2 EL Petersilie, gehackt

Bohnen und Brühe in einen Topf geben, aufkochen lassen und zugedeckt 1 Stunde köcheln lassen. Tomaten und Reis zufügen, das Ganze wieder zum Kochen bringen, zugedeckt noch 40 Minuten köcheln lassen, bis der Reis weich ist.
Mit Salz, Pfeffer und Cayennepfeffer abschmecken und den größten Teil der Petersilie unterrühren. Topf neben die Kochplatte stellen und das Ganze noch einige Minuten durchziehen lassen, damit sich der Geschmack entfalten kann. In eine vorgewärmte Schüssel geben und mit der zurückbehaltenen Petersilie garnieren.

Serviervorschlag
Ein knackiger grüner Salat mit gehackter Minze oder Schnittlauchröllchen ist eine erfrischende Beilage zu diesem traditionellen südamerikanischen Gericht.

Variation
Mischen Sie kleine Mengen von verschiedenen gekochten Gemüsen oder Ananasstückchen darunter. Dies ist zwar nicht ganz stilecht, sorgt aber für Abwechslung.

Gemüseauflauf

Foto Seite 77

4 Personen
Pro Portion: 300 Kal/1260 Joule,
5 g Fett, 10 g Ballaststoffe

100 g gekochte Linsen
500 g Kartoffeln, in Scheiben geschnitten
2 mittelgroße Möhren, in Scheiben geschnitten
1 große Pastinake, in dünne Scheiben geschnitten
2 große Zwiebeln, in Scheiben geschnitten
2 mittelgroße Stangen Lauch, in Scheiben geschnitten
100 g Mais
100 g Champignons, blättrig geschnitten
Salz und frisch gemahlener schwarzer Pfeffer
2 EL Petersilie, gehackt
1 EL Minze, gehackt
abgeriebene Schale von 1 Orange
850 ml heiße helle Fleischbrühe oder Gemüsebrühe (s. Seite 31 und 32)
50 g Käse, gerieben

Backofen auf 170° C vorheizen. Eine große Auflaufform fetten.
Die vorbereiteten Gemüse schichtweise in die Form einfüllen, jede Schicht mit Salz, Pfeffer und den Kräutern bestreuen. Als letzte Schicht Kartoffel- und Pastinakenscheiben dachziegelartig anordnen. Orangenschale in die heiße Brühe rühren, Gemüse damit übergießen und die Form zuerst mit Folie, dann mit dem Deckel zudecken.
Gemüseauflauf auf einen Rost stellen und etwa 2½ Stunden backen, bis alle Gemüse weich sind. Deckel und Folie entfernen, das Gemüse mit Käse bestreuen, unter den heißen Grill schieben und so lange überbacken, bis der Käse bräunt. Heiß servieren.

Weizen-Gemüseauflauf

6 Personen
Pro Portion: 510 Kal/2142 Joule,
22 g Fett, 13 g Ballaststoffe

225 g ganze Weizenkörner, über Nacht eingeweicht
225 g Lauch, in Scheiben geschnitten
225 g Möhren, gewürfelt
225 g Blumenkohl, in Röschen zerteilt
2 Stangen Sellerie, in Scheiben geschnitten
50 g Margarine
50 g Weizen-Vollkornmehl
575 ml Milch
Salz und frisch gemahlener schwarzer Pfeffer
175 g Käse, gerieben
2 EL Petersilie, gehackt
50 g Vollkornbrösel (s. Tip Seite 27)

Weizen abgießen und in Salzwasser 30–35 Minuten weich kochen. Gut abtropfen lassen.
Inzwischen die Gemüse dünsten oder in Salzwasser kochen, bis sie gerade weich sind. Gut abtropfen lassen.
Backofen auf 190° C vorheizen.
Margarine in einem Topf zerlassen, Mehl einrühren und 1 Minute anschwitzen. Nach und nach die Milch einrühren, aufkochen lassen und 3 Minuten köcheln lassen. Salzen und pfeffern und zwei Drittel von dem Käse einrühren. Von der Kochplatte nehmen.
Gemüse, Weizen und Petersilie vermischen, Käsesauce unterrühren. Das Ganze in eine flache, ofenfeste Form füllen. Restlichen Käse mit den Bröseln vermischen und über den Auflauf streuen. 20–25 Minuten backen, bis die Kruste goldbraun ist.

Auberginen-Champignon-Flan (oben, s. Seite 82), Ratatouille-Flan (unten, s. Seite 83).

Spargel-Flan

4 Personen
Pro Portion: 475 Kal/1995 Joule,
30 g Fett, 7 g Ballaststoffe

Teig
225 g Weizen-Vollkornmehl
Prise Salz
100 g Margarine
etwa 2 EL Wasser

Füllung
225 g gekochter Spargel (oder abgetropfter Spargel aus der Dose)
2 Eier
275 ml Milch
1 EL Petersilie, gehackt
Salz und frisch gemahlener Pfeffer
50 g Champignons, feinblättrig geschnitten, oder 1 grüner Paprika, in Ringe geschnitten

Für den Teig Mehl und Salz durchsieben, im Sieb zurückgebliebene Kleie wieder zufügen. Margarine unterreiben, bis eine feinbröselige Mischung entsteht. Mit dem Wasser zu einem festen Teig verkneten. Fest eingewickelt etwa 1 Stunde kühl stellen.
Backofen auf 190° C vorheizen. Flan- oder Springform mit 20 cm Durchmesser fetten. Teig auf einer leicht bemehlten Fläche ausrollen und die Form damit auskleiden. Mit einer Gabel einstechen, den Boden mit Folie bedecken und getrocknete Bohnen einfüllen. 10 Minuten blindbacken. Bohnen und Folie entfernen und noch 5 Minuten backen, damit der Teig abtrocknet.
Spargel in Stücke schneiden und auf dem Teigboden verteilen. Eier mit Milch verrühren, Petersilie unterrühren, salzen und pfeffern. Über den Spargel gießen und die Pilze oder Paprikaringe darauf anordnen. 30–35 Minuten backen, bis die Füllung fest ist. Heiß oder kalt servieren.

Auberginen-Champignon-Flan

Foto Seite 80

4 Personen
Pro Portion: 410 Kal/1722 Joule, 26 g Fett, 7 g Ballaststoffe

Teig
175 g Weizen-Vollkornmehl
Prise Salz
100 g Margarine
etwa 2 EL Wasser

Füllung
1 große Aubergine
Salz und frisch gemahlener Pfeffer
1 EL Petersilie oder Minze, gehackt
2 Eier, verquirlt
100 g fettarmer körniger Frischkäse, durch ein Sieb gestrichen, oder Magerquark
150 ml Milch
100 g Champignons, blättrig geschnitten

Backofen auf 180° C vorheizen.
Für den Teig Mehl und Salz vermischen, Margarine unterreiben, bis eine feinbröselige Mischung entsteht, dann das Ganze mit dem Wasser zu einem festen Teig verkneten. Fest eingewickelt 1 Stunde kühl stellen.
Inzwischen Aubergine mit einer Gabel einstechen, auf ein Blech legen und 30 Minuten backen, dabei gelegentlich umdrehen, damit sie gleichmäßig bräunt. (Man kann dies schon vorbereiten, wenn man den Backofen für ein anderes Gericht braucht.) Aubergine halbieren und aushöhlen, Fruchtfleisch pürieren, salzen und pfeffern, Petersilie oder Minze einrühren und abkühlen lassen.
Backofen auf 200° C schalten. Flan- oder Springform mit 20 cm Durchmesser fetten.
Teig auf einer leicht bemehlten Fläche ausrollen und die Form damit auskleiden. Mit einer Gabel mehrfach einstechen, mit gefetteter Folie abdecken. Auf die Folie getrocknete Bohnen oder Erbsen füllen und den Teig 12 Minuten blindbacken. Temperatur wieder auf 180° C herunterschalten. Hülsenfrüchte und Folie entfernen und das Auberginenpüree auf dem Teigboden verteilen. Eier, Frischkäse oder Quark und Milch verrühren, salzen und pfeffern. Über die Auberginen gießen. Die Champignons im Kreis darauf anordnen. Flan noch 30 Minuten backen, bis die Füllung fest und die Oberfläche goldbraun ist. Heiß oder kalt servieren.

Flan mit roten Bohnen

4 Personen
Pro Portion: 590 Kal/2478 Joule, 35 g Fett, 14 g Ballaststoffe

Teig
225 g Weizen-Vollkornmehl
1 EL Sojamehl
Prise Salz
100 g Margarine
2 EL Wasser

Füllung
25 g Margarine
1 große Zwiebel, in Scheiben geschnitten
1 Knoblauchzehe, zerdrückt
400 g Tomaten aus der Dose
175 g gekochte rote Bohnen (oder Bohnen aus der Dose)
1 EL Oregano, gehackt
frisch gemahlener schwarzer Pfeffer
150 ml fettarmer Joghurt
1 Ei

Für den Teig Mehl, Sojamehl und Salz durchsieben, im Sieb zurückbleibende Kleie wieder zugeben. Fett unterreiben, bis eine feinbröselige Mischung entsteht. Mit dem Wasser zu einem festen Teig verkneten. Fest eingewickelt etwa 1 Stunde kühl stellen.
Für die Füllung die Margarine in einem Topf zerlassen. Zwiebel und Knoblauch

bei Mittelhitze etwa 3 Minuten darin andünsten, nicht bräunen lassen. Tomaten zufügen und das Ganze unter gelegentlichem Umrühren etwa 20 Minuten köcheln lassen, bis die Sauce dick ist. Bohnen und Oregano unterrühren, salzen und pfeffern. Von der Kochplatte nehmen. Joghurt mit dem Ei verrühren und unterziehen. Abkühlen lassen.
Backofen auf 180° C vorheizen. Flan- oder Springform mit 20 cm Durchmesser fetten.
Teig auf einer leicht bemehlten Fläche ausrollen und die Form damit auskleiden. Mit einer Gabel einstechen, mit gefetteter Folie bedecken und getrocknete Bohnen einfüllen. 20 Minuten blindbakken. Bohnen und Folie entfernen und die Füllung hineingeben. Noch 20 Minuten backen, bis die Füllung fest ist. Heiß oder kalt servieren.

Ratatouille-Flan

Foto Seite 80

---

4 Personen
Pro Portion: 510 Kal/2142 Joule, 32 g Fett, 10 g Ballaststoffe

---

Teig
75 g Weizenmehl, Type 1050
150 g grobes Hafermehl
Prise Salz
100 g Margarine
etwa 4 EL Wasser

Füllung
2 EL Pflanzenöl
1 große Zwiebel, in Scheiben geschnitten
1 roter Paprika, in Streifen geschnitten
1 grüner Paprika, in Streifen geschnitten
500 g Zucchini, in Scheiben geschnitten
500 g Tomaten, in Scheiben geschnitten
2 Knoblauchzehen, zerdrückt
Salz und frisch gemahlener Pfeffer
1 EL Petersilie, gehackt

Backofen auf 190° C vorheizen. Flan- oder Springform mit 25 cm Durchmesser fetten.
Für den Teig Mehl, Hafermehl und Salz vermischen und Margarine unterreiben. Mit dem Wasser zu einem festen Teig verkneten, der nicht klebrig sein darf. Auf einer leicht bemehlten Fläche ausrollen und die Form damit auskleiden. Teig mit einer Gabel einstechen, mit gefetteter Folie abdecken. Getrocknete Bohnen einfüllen, 25 Minuten blindbakken. Bohnen und Folie entfernen und noch 5 Minuten backen, damit der Teig abtrocknet.
Für die Füllung Öl in einem mittelgroßen Topf erhitzen, Zwiebel zufügen und bei Mittelhitze 5 Minuten andünsten, dabei gelegentlich umrühren. Paprika und Zucchini zufügen, 10 Minuten dünsten, dann Tomaten und Knoblauch zugeben. Salzen und pfeffern und weitere 20 Minuten dünsten, bis die Gemüse weich sind und die Flüssigkeit fast völlig verdampft ist. Petersilie unterrühren und gegebenenfalls nachwürzen.
Füllung auf dem Teigboden verteilen. Soll der Flan heiß gegessen werden, 5–10 Minuten im Ofen backen und sofort servieren. Wird er kalt serviert, den gefüllten Flan kurz erhitzen und dann abkühlen lassen.

Serviervorschläge
Dieses Hauptgericht braucht keine weitere Gemüse- oder Salatbeilage als Ergänzung. Vollkorn-Stangenbrot oder ofenwarme Vollkornbrötchen mit Knoblauchbutter passen gut dazu.

Knoblauchbutter 100 g ungesalzene Butter schlagen, bis sie weißlich wird. 2 zerdrückte Knoblauchzehen, 2 EL gehackte Petersilie und einige Tropfen Zitronensaft unterrühren, dann mit Salz und Pfeffer abschmecken. Fest eingewickelt im Kühlschrank aufbewahren. Knoblauchbutter läßt sich einfrieren.

Fisch, Geflügel und Fleisch

Möglicherweise werden die ständig steigenden Fleischpreise und der drohende weltweite Eiweißmangel sich schließlich günstig auf unsere Gesundheit auswirken: Vielleicht sehen wir uns dadurch veranlaßt, den Verzehr von diesem eiweißreichen, aber auch stark fetthaltigen Nahrungsmittel einzuschränken – die medizinische Forschung konnte uns bisher noch nicht dazu bewegen.

Wir brauchen uns nun nicht gleich streng vegetarisch zu ernähren. Aber wir sollten zumindest lernen, Fleisch in kleineren Mengen zu essen und es mit größeren Mengen Gemüse, vor allem mit Hülsenfrüchten, zu kombinieren oder mit Vollkornnudeln, braunem Reis und Vollkornmehl.

Fleisch enthält jene gesättigten Fette, die man für einen der verursachenden Faktoren beim Auftreten von Herzerkrankungen hält. Es handelt sich dabei im allgemeinen um Fette, die beim Abkühlen erstarren.

Nimmt man statt dessen mehr ungesättigte Fette in Form von weißem Fisch, ungehärteter Margarine, fettarmem Brotaufstrich, Sonnenblumen- und Maisöl zu sich, so kann dies die Gefahr von Herzerkrankungen herabsetzen.

Gans, Ente, Speck, Schweinefleisch, Rindfleisch – auch mageres – und Lammfleisch haben den höchsten Fettgehalt. Hühner- und Putenfleisch – ohne die stark fetthaltige Haut – und weißer Fisch enthalten am wenigsten Fett. Deshalb spielen Fisch und Geflügel in den folgenden Rezepten eine große Rolle.

Wenn man vom Fleisch das sichtbare Fett wegschneidet, hat man noch lange nicht das ganze Fett entfernt, da Fleisch sog. versteckte Fette enthält.

Bei der Zubereitung von Fleisch sollten Sie sich angewöhnen, das Fett in einer Pfanne auszubraten und dann abzugießen, bevor Sie die weiteren Zutaten zufügen.

Béchamelsauce läßt sich fettfrei zubereiten, wenn man die Milch oder Magermilch nach und nach in das Vollkornmehl einrührt, die Mischung dann in einem kleinen Topf langsam erhitzt, unter ständigem Rühren zum Kochen bringt und dick werden läßt. Die Sauce schmeckt zwar etwas anders als gewohnt, paßt aber besonders gut zu Gemüse und zu Gerichten aus Vollkorngetreide.

Kleie und Vollweizengrieß binden Aufläufe und Eintöpfe und reichern sie gleichzeitig mit Ballaststoffen an.

Fisch-Maisauflauf (oben, s. Seite 87),
Fischspießchen mit Mais (unten, s. Seite 87).

Fisch

Gebackene Kartoffeln mit Räucherfisch

4 Personen
Pro Portion: 280 Kal/1176 Joule,
9 g Fett, 3 g Ballaststoffe

4 große Kartoffeln, abgebürstet
225 g gekochte, geräucherte Schellfischfilets, enthäutet und in Stücke zerpflückt
25 g Margarine
2 EL fettarmer Joghurt
1 EL Senf mit ganzen Körnern
Salz und frisch gemahlener schwarzer Pfeffer
2 dünne Scheiben Speck, ohne Schwarte

Backofen auf 190° C vorheizen.
Kartoffeln trocken tupfen, mit einer Gabel einstechen, damit sie nicht aufplatzen, und 1–1¼ Stunden backen, bis sie weich sind.
Inzwischen Speck fein würfeln und anbraten, bis das Fett austritt. Speckwürfel mit einem Schaumlöffel herausnehmen, Fett weggießen.
Gegarte Kartoffeln halbieren und aushöhlen. Fruchtfleisch in eine Schüssel geben, Fisch, Margarine, Joghurt und Senf unterrühren, kräftig salzen und pfeffern. Kartoffelschalen mit der Masse füllen, auf ein Backblech setzen und mit den Speckwürfeln bestreuen. Noch 10–15 Minuten im Ofen backen.
Heiß servieren. Fordern Sie alle am Tisch dazu auf, die Kartoffelschalen mitzuessen – sie sind nicht nur reich an Ballaststoffen, sondern schmecken auch köstlich!

Serviervorschlag
Dazu schmeckt ein knackiger Salat aus fein gehobeltem Weißkohl mit Nüssen.

Fisch-Curry mit Reis

4 Personen
Pro Portion: 270 Kal/1134 Joule,
7 g Fett, 2 g Ballaststoffe

500 g gekochte, geräucherte Schellfischfilets
25 g Margarine
1 große Zwiebel, fein gehackt
2 TL Currypulver
175 g brauner Langkornreis
1 TL Zitronensaft
75 g Sultaninen
575 ml helle Fleischbrühe (s. Seite 31) oder Wasser
Salz und frisch gemahlener schwarzer Pfeffer
2 Lorbeerblätter
2 EL Petersilie, gehackt

Garnitur
1 Zitrone, geviertelt

Fisch in eine Pfanne oder flache Schüssel geben und mit kochendem Wasser bedecken. 3 Minuten ziehen lassen, dann abgießen. Haut und Gräten entfernen und den Fisch zerpflücken.
Margarine in der ausgespülten Pfanne zerlassen und die Zwiebel darin bei Mittelhitze etwa 3 Minuten andünsten, dabei gelegentlich umrühren. Currypulver unterrühren, noch 2 Minuten dünsten, dann den Reis, Zitronensaft und Sultaninen untermischen. Nach und nach mit Brühe oder Wasser aufgießen, zum Kochen bringen, salzen und pfeffern. Lorbeerblätter zugeben und das Ganze zugedeckt auf kleinster Flamme etwa 40 Minuten köcheln lassen, ohne umzurühren. Fisch untermischen und zugedeckt noch 10 Minuten köcheln lassen, bis die Flüssigkeit aufgesogen und der Reis weich ist. Lorbeerblätter entfernen. Petersilie unterrühren, in eine vorgewärmte Schüssel geben und mit den Zitronenvierteln garnieren.

Fischspießchen mit Mais

Foto Seite 85

4 Personen
Pro Portion: 450 Kal/1890 Joule,
9 g Fett, 5 g Ballaststoffe

3 EL Honig
2 EL Zitronensaft
1 EL Sojasauce
kräftige Prise Cayennepfeffer
8 kleine Merlan- oder Schellfischfilets, enthäutet
12 kleine Silberzwiebeln
4 Zucchini
8 kleine Lorbeerblätter
175 g brauner Langkornreis
4 Maiskolben, geputzt
25 g Margarine, zerlassen
Salz und frisch gemahlener Pfeffer

Honig, Zitronensaft, Sojasauce und Cayennepfeffer in einem kleinen Topf erhitzen, bis der Honig dünnflüssig ist. In einer flachen Schale abkühlen lassen. Fisch in große Stücke schneiden. Zwiebel schälen und 2–3 Minuten in kochendem Wasser blanchieren, gut abtropfen lassen. Zucchini in 2,5 cm dicke Scheiben schneiden.
Fisch, Zwiebeln, Zucchinischeiben und Lorbeerblätter in 4 Portionen teilen und abwechselnd auf 4 Spießchen stecken. In der Sauce mindestens 1 Stunde, besser über Nacht marinieren, dabei öfters umdrehen.
Reis in reichlich Salzwasser 30–40 Minuten kochen, bis er weich ist. Abtropfen und in einer Schüssel warm stellen. Inzwischen Maiskolben mit der zerlassenen Margarine bestreichen, Mais und Spießchen salzen und pfeffern. Etwa 15 Minuten unter einen heißen Grill schieben, dabei öfters umdrehen. Spießchen beim Grillen mit der restlichen Marinade bestreichen. Spießchen und Mais auf dem Reis anrichten, übrig gebliebene Marinade darübergießen.

Fisch-Maisauflauf

Foto Seite 85

4 Personen
Pro Portion: 410 Kal/1721 Joule,
10 g Fett, 11 g Ballaststoffe

25 g Margarine
2 große Zwiebeln, in Scheiben geschnitten
1 Knoblauchzehe, zerdrückt
350 g Tomaten aus der Dose
350 g Mais aus der Dose, abgetropft
1 grüner Paprika, geputzt und in Streifen geschnitten
1 EL Senf
700 g Fischfilet (z. B. Kabeljau, Merlan, Schellfisch), enthäutet
Salz und frisch gemahlener schwarzer Pfeffer
50 g Vollkornbrösel (s. Tip Seite 27)
25 g Weizenkleie
25 g Käse, gerieben

Backofen auf 190° C vorheizen. Margarine in einer feuerfesten Form zerlassen und die Zwiebeln bei Mittelhitze etwa 3 Minuten andünsten, bis sie weich, aber nicht gebräunt sind. Knoblauch, Tomaten, Mais, Paprika und Senf zugeben, umrühren und zum Kochen bringen. Fisch in 5 cm große Stücke schneiden. In die Auflaufform geben, salzen und pfeffern und 20–25 Minuten im Ofen backen, bis die Sauce eingedickt und der Fisch fest ist.
Brösel und Weizenkleie mit Käse vermischen und auf den Auflauf streuen. Noch 10 Minuten im Ofen überbacken, bis die Oberfläche knusprig und goldbraun ist.

Serviervorschlag
Reichen Sie dazu Pellkartoffeln und einen knackigen Salat aus rohen Lauch- oder Zwiebelringen, Brunnenkresse oder Kopfsalat und gehacktem Selleriegrün.

Fisch Kreolische Art

Foto unten

4 Personen
Pro Portion: 300 Kal/1260 Joule, 12 g Fett, 4 g Ballaststoffe

1 großer grüner Paprika, geputzt und in Streifen geschnitten
1 großer roter Paprika, geputzt und in Streifen geschnitten
1 große Zwiebel, in Scheiben geschnitten
1 TL getrocknetes Basilikum
400 g Tomaten aus der Dose
½ TL Tabasco
Salz und frisch gemahlener Pfeffer
500 g frisches Fischfilet enthäutet

Belag
50 g Haferflocken
50 g Weizen-Vollkornmehl
Salz und frisch gemahlener Pfeffer
25 g Margarine
50 g Käse, gerieben

Paprika, Zwiebel, Basilikum, Tomaten und Tabasco in einen kleinen Topf geben und 20 Minuten dünsten, bis die Flüssigkeit eingekocht ist. Salzen und pfeffern.
Fisch in große Stücke schneiden, in eine gefettete Auflaufform geben und das Gemüse darüber verteilen.
Backofen auf 200° C vorheizen.
Für den Belag Haferflocken, Mehl und Salz vermischen, Pfeffer darübermahlen und Margarine unterreiben. Käse unterrühren und das Ganze gleichmäßig über den Auflauf streuen. 20–25 Minuten backen, bis die Oberfläche knusprig und goldbraun ist.

Serviervorschläge
Dazu paßt ein knackiger grüner Salat aus Kopfsalat, Chicorée und Schnittlauch mit einer Zitronenmarinade. Oder in dünne Scheiben geschnittener roher Rosenkohl und Lauch mit Brunnenkresse. Oder Chinakohl.

Fisch-Pie aus Norfolk

Foto unten

4 Personen
Pro Portion: 350 Kal/1470 Joule,
4 g Fett, 10 g Ballaststoffe

225 g Möhren, in Scheiben geschnitten
225 g Lauch, in Scheiben geschnitten
1 Sellerieherz, in Scheiben geschnitten
Salz
500 g Kartoffeln, in Scheiben geschnitten
700 g Fischfilet
425 ml Milch mit Wasser
25 g Margarine
25 g Weizen-Vollkornmehl
2 TL Senfpulver
frisch gemahlener schwarzer Pfeffer
Prise Muskatblüte
4 EL fettarmer Joghurt
500 g Tomaten, in dünne Scheiben geschnitten
3 EL Weizenkleie
einige Stengel Petersilie

Gemüse weich kochen, Kartoffeln getrennt. Inzwischen den Fisch 10 Minuten in Milch und Wasser sieden. Abgießen, Flüssigkeit auffangen. Fisch enthäuten, Gräten entfernen. In große Stücke schneiden.
Backofen auf 200° C vorheizen.
Margarine in einem Topf zerlassen, Mehl einrühren und bei Mittelhitze 1 Minute anschwitzen. Nach und nach den Fischsud angießen, kochen, bis die Sauce dicklich wird. Senfpulver mit etwas kaltem Wasser glattrühren und unter die Sauce ziehen, würzen.
Gemüse abtropfen lassen. Kartoffeln mit dem Joghurt pürieren, die anderen Gemüse mit dem Fisch unter die Sauce mischen. Gemüse und Fisch in eine Pie- oder flache Auflaufform geben, Tomatenscheiben darüber verteilen, Kartoffelpüree darüberstreichen. 15 Minuten im Ofen backen, Kleie darüberstreuen und noch 5 Minuten überbacken. Mit Petersilie garnieren, heiß servieren.

Fischfrikadellen mit Zwiebelsauce

4 Personen
Pro Portion: 225 Kal/945 Joule,
9 g Fett, 5 g Ballaststoffe

225 g gekochtes, entgrätetes Fischfilet (z. B. Kabeljau, Merlan, Schellfisch), enthäutet und in Stücke zerpflückt
225 g Kartoffelpüree
25 g Margarine, zerlassen
2 EL Weizenkleie
2 TL Senf
1 EL Petersilie, gehackt
Salz und frisch gemahlener schwarzer Pfeffer
50 g Vollkornbrösel (s. Tip Seite 27)

Zwiebelsauce
25 g Margarine
2 mittelgroße Zwiebeln, fein gehackt
15 g Weizen-Vollkornmehl
1 EL Senf
1 TL Apfelessig
225 ml Milch
Salz und frisch gemahlener schwarzer Pfeffer

Garnitur
Einige Stengel Petersilie

Backofen auf 190° C vorheizen. Backblech fetten.
Fisch, Kartoffelpüree, Margarine, Kleie, Senf und Petersilie vermischen, salzen und pfeffern. Zugedeckt 10 Minuten kühl stellen, damit sich die Mischung leichter verarbeiten läßt. Zu 8 kleinen Frikadellen formen und mit den Bröseln panieren. Auf das Blech legen und 10 Minuten backen, dabei einmal wenden, bis die Frikadellen heiß und goldbraun sind.
Für die Sauce die Margarine in einem Topf zerlassen und die Zwiebeln bei Mittelhitze etwa 10 Minuten dünsten, dabei öfters umrühren, nicht bräunen lassen. Mehl zufügen und unter Rühren 1 Minute anschwitzen, dann Senf und Essig unterrühren. Nach und nach die Milch zugeben und zum Kochen bringen. Salzen und pfeffern, 3 Minuten köcheln lassen. Frikadellen auf einer vorgewärmten Platte anrichten und mit der Petersilie garnieren. Zwiebelsauce gesondert reichen.

Pikantes Fischsoufflé

4 Personen
Pro Portion: 210 Kal/882 Joule,
11 g Fett, 2 g Ballaststoffe

25 g Margarine
100 g Kartoffelpüree
25 g Käse, gerieben
3 EL Milch
2 EL Weizenkleie
Salz und frisch gemahlener Pfeffer
1 TL Currypulver
225 g gekochtes, geräuchertes Schellfischfilet, enthäutet und zerpflückt
1 Eigelb
3 Eiweiß

Backofen auf 200° C vorheizen. Souffléform fetten.
Margarine in einem Topf zerlassen, Kartoffelpüree, Käse, Milch und Kleie unterrühren, mit Salz, Pfeffer und Currypulver würzen. Von der Kochplatte nehmen, Fisch und das Eigelb unterrühren. Abkühlen lassen.
Eiweiß steif schlagen und unter die Masse ziehen. In die Souffléform geben und 30–35 Minuten backen, bis das Soufflé aufgegangen und die Oberfläche goldbraun ist. Sofort servieren.

Serviervorsschlag
Dazu schmeckt ein knackiger, saftiger Salat mit einer pikanten Zitronenmarinade – zum Beispiel Chicorée, Stangensellerie und Kopfsalat, garniert mit Orangenspalten oder Apfelscheiben.

Fisch-Ratatouille

4 Personen
Pro Portion: 290 Kal/1218 Joule,
16 g Fett, 6 g Ballaststoffe

4 Fischfilets von je 175 g, enthäutet
40 g Margarine, zerlassen
Salz und frisch gemahlener schwarzer Pfeffer
1 mittelgroße Zwiebel, gehackt
100 g Champignons, blättrig geschnitten
1 grüner Paprika, geputzt und in Streifen geschnitten
4 Tomaten, gehäutet und in Scheiben geschnitten
2 kleine Zucchini, in Scheiben geschnitten
½ TL getrockneter Oregano
50 g Käse, gerieben
3 EL Weizenkleie

Fischfilets auf beiden Seiten mit etwas von der Margarine bestreichen, salzen und pfeffern und mit der enthäuteten Seite nach außen aufrollen. Auf der zweiten Schiene von oben etwa 5 Minuten grillen, zwischendurch drehen, damit sie gleichmäßig garen.
Backofen auf 200° C vorheizen. Flache Auflaufform fetten.
Zwiebel in der restlichen Margarine bei Mittelhitze etwa 3 Minuten andünsten, dann Champignons, Paprika, Tomaten, Zucchini und Oregano zugeben, kräftig salzen und pfeffern. 5 Minuten dünsten. In die Auflaufform geben und den Fisch darauflegen. Käse mit Kleie vermischen und über den Fisch streuen, er soll vollständig bedeckt sein. 15–20 Minuten backen, bis die Oberfläche goldbraun ist.

Serviervorschlag
Zu einem Eintopfgericht wie diesem genügt wahrscheinlich ein Körbchen mit ofenwarmen, knusprigen Vollkornbrötchen.

Fisch-Gemüseauflauf

4 Personen
Pro Portion: 330 Kal/1386 Joule,
12 g Fett, 7 g Ballaststoffe

1 EL Pflanzenöl
1 große Zwiebel, in dünne Scheiben geschnitten
2 mittelgroße Möhren, gewürfelt
2 Stangen Sellerie, in dünne Scheiben geschnitten
100 g kleine Champignons, blättrig geschnitten
225 g Tomaten, gehäutet und in Scheiben geschnitten
Salz und frisch gemahlener schwarzer Pfeffer
1 EL Zitronensaft
700 g Fischfilet (z. B. Kabeljau, Merlan, Schellfisch), enthäutet

Belag
4 Scheiben Vollkornbrot, dünn mit Margarine bestrichen

Backofen auf 200° C vorheizen.
Öl in einer ofenfesten Form erhitzen und die Zwiebel bei Mittelhitze etwa 3 Minuten andünsten. Möhren und Sellerie zugeben, umrühren und 2 Minuten dünsten. Champignons und Tomaten zufügen, salzen und pfeffern und Zitronensaft unterrühren. Fisch in große Stücke schneiden und vorsichtig unter das Gemüse heben.
Brot in Dreiecke schneiden und mit der bestrichenen Seite nach oben auf die Fisch-Gemüse-Mischung legen. 15–20 Minuten backen, bis die Oberfläche knusprig ist.

Serviervorschlag
Dazu paßt grünes Gemüse, zum Beispiel Broccoli oder Spinat.

Geflügel und Fleisch

Hähnchengulasch

Foto gegenüber

---

4 Personen
Pro Portion: 533 Kal/2238 Joule,
10 g Fett, 7 g Ballaststoffe

---

4 Hähnchenbrüste, enthäutet
Salz und frisch gemahlener Pfeffer
2 EL Paprika
1 EL Pflanzenöl
2 mittelgroße Zwiebeln, fein gehackt
4 Stangen Sellerie, in Scheiben geschnitten
1 große Stange Lauch, in Scheiben geschnitten
1 grüner Paprika, geputzt und klein geschnitten
1 roter Paprika, geputzt und klein geschnitten
100 g Champignons, blättrig geschnitten
50 g Tomatenmark
2 EL Weizenkleie
3 EL helle Fleischbrühe (s. Seite 31)
275 ml fettarmer Joghurt
275 g Vollkornnudeln
einige Stengel Minze (nach Belieben)

Hähnchenbrüste in einer Mischung aus Salz, Pfeffer und Paprika wenden. Öl in einem Topf erhitzen und das Hähnchenfleisch bei Mittelhitze 8–10 Minuten anbraten, bis es ringsum gebräunt ist. Aus dem Topf nehmen. Gemüse und eventuell übrig gebliebenes Paprikapulver in den Topf geben, gut umrühren und zugedeckt bei schwächster Hitze 5 Minuten dünsten. Tomatenmark unterrühren und noch 1 Minute dünsten. Kleie und Brühe einrühren und die Hähnchenbrüste wieder zufügen. Zugedeckt bei schwacher Hitze 30 Minuten köcheln lassen, bis das Fleisch weich ist, dabei häufig umrühren. Falls die Sauce zu dick wird, noch etwas Brühe zugeben. Abschmecken. Den größten Teil des Joghurts unterziehen. Das Gulasch noch einmal aufkochen lassen und dann in eine vorgewärmte Schüssel umfüllen. Inzwischen die Nudeln in reichlich Salzwasser 12–13 Minuten oder nach Packungsanweisung kochen, bis sie gerade weich sind. Gut abtropfen lassen und ringförmig um das Gulasch herum anrichten. Vor dem Servieren den restlichen Joghurt darübergeben. Nach Belieben mit Minze garnieren.

Huhn mit Bohnensprossen

---

4 Personen
Pro Portion: 240 Kal/1008 Joule,
13 g Fett, 4 g Ballaststoffe

---

700 g Hühnchenfleisch, portioniert (mit Knochen)
2 EL Pflanzenöl
1 mittelgroße Zwiebel, in dünne Scheiben geschnitten
1 Knoblauchzehe, zerdrückt
2 EL Sojasauce
½ TL Ingwerpulver
1 TL brauner Zucker
Salz
500 g frische Bohnensprossen

Hühnchen enthäuten und entbeinen, das Fleisch in dünne Streifen schneiden. Öl in einer Pfanne erhitzen, Zwiebel und Knoblauch bei Mittelhitze 1 Minute andünsten. Hühnchenfleisch, Sojasauce, Ingwer, Zucker und Salz zufügen und 3 Minuten unter Rühren braten. Bohnensprossen zugeben und weitere 2 Minuten braten, dabei ständig umrühren. Die Bohnensprossen düfen nicht zu lange garen, sonst werden sie zu weich. In einer vorgewärmten Schüssel anrichten und sofort servieren.

Hähnchengulasch (oben), Hähnchen-Paella mit Bohnen (unten, s. Seite 95).

Hühnchen-Risotto

4 Personen
Pro Portion: 400 Kal/1680 Joule,
5 g Fett, 4 g Ballaststoffe

1 TL Pflanzenöl
1 große Zwiebel, fein gehackt
2 Knoblauchzehen, zerdrückt
1 grüner Paprika, geputzt und in dünne Streifen geschnitten
225 g brauner Langkornreis
150 ml trockener Weißwein oder trockener Cidre
100 g Rosinen
850 ml helle Fleischbrühe (s. Seite 31)
Salz und frisch gemahlener schwarzer Pfeffer
225 g gekochtes Hühnerfleisch, in dünne Streifen geschnitten
3 EL Petersilie, gehackt
etwas Edamer, gerieben (nach Belieben)

Öl in einer Pfanne erhitzen, Zwiebel und Knoblauch bei schwacher Hitze etwa 10 Minuten dünsten, dabei gelegentlich umrühren. Nicht bräunen lassen. Paprika und Reis zufügen und 1 Minute unter Rühren anbraten. Wein oder Cidre zugießen, Hitze höher schalten und das Ganze so lange kochen, bis die Flüssigkeit etwa um die Hälfte reduziert ist. Rosinen und Brühe zufügen, salzen und pfeffern und gut umrühren. Zugedeckt etwa 40 Minuten leise köcheln lassen, bis die Flüssigkeit aufgesogen und der Reis weich ist. Hühnerfleisch zugeben und noch 5 Minuten köcheln lassen. Petersilie unterrühren.
Den Risotto in einer vorgewärmten Schüssel anrichten und nach Belieben mit dem Reibkäse bestreuen.

Serviervorschlag
Dazu schmecken grüner Salat und Vollkornbrot.

Variation
Das Hühnerfleisch kann durch gegartes Lamm-, Puten-, Kalb- oder Kaninchenfleisch ersetzt werden.

Hähnchen-Curry

4 Personen
Pro Portion: 670 Kal/2814 Joule,
26 g Fett, 9 g Ballaststoffe

1400 g Hähnchenteile, enthäutet
2 TL Salz
2 EL Pflanzenöl
2 große Zwiebeln, fein gehackt
2 Knoblauchzehen, zerdrückt
4 Stangen Sellerie, in dünne Scheiben geschnitten
1 EL geschälte Ingwerwurzel, fein gehackt
1 TL Kreuzkümmel
1 TL Kurkuma
1 TL Koriander, gemahlen
½ TL Fenchelsamen, gemahlen
6 EL helle Fleischbrühe (s. Seite 31)
225 g Tomaten, gehäutet und gewürfelt
6 EL fettarmer Joghurt
1 TL Garam masala (indische Gewürzmischung)
4 Äpfel, entkernt und in Scheiben geschnitten
Saft von 1 Zitrone
50 g Kokosflocken
175 g brauner Langkornreis

Hähnchenfleisch mit Küchenkrepp trokken tupfen und mit Salz bestreuen. Öl in einem Topf erhitzen und das Fleisch bei starker Mittelhitze 5–6 Minuten unter Wenden anbraten, bis es ringsum gebräunt ist. Das Fleisch soll innen weiß und fest werden. Aus dem Topf nehmen und warm stellen.
Zwiebeln, Knoblauch, Sellerie und Ingwer in den Topf geben und bei Mittelhitze einige Minuten anbraten, bis die Zwiebeln goldbraun sind – darauf ach-

ten, daß sie nicht anbrennen. Auf kleinste Hitze schalten. Gewürze und 1 EL Brühe einrühren und 1 Minute unter Rühren dünsten. Tomaten, Joghurt und restliche Brühe zufügen.
Fleisch zurück in den Topf geben und das Ganze zum Kochen bringen. Mit Garam masala bestreuen und zugedeckt 15 Minuten köcheln lassen. Apfelscheiben zugeben und zugedeckt noch 5 Minuten köcheln lassen.
Das Curry in einer vorgewärmten Schüssel anrichten, mit Zitronensaft beträufeln und die Kokosflocken darüberstreuen.
Inzwischen den Reis in reichlich Salzwasser etwa 30–40 Minuten kochen, bis er gerade weich ist. Gründlich abtropfen lassen und ringförmig um das Curry herum anrichten.

Serviervorschlag
Traditionelle Beilagen sorgen für weitere Ballaststoffe: ungeschälte, gewürfelte Gurke und gehackte Minze, mit gut gekühltem Joghurt verrührt – Vollkorn-Fladenbrot – Salate aus Zwiebelringen, rotem und grünem Paprika – Orangen und Bananen.

Hähnchen-Paella mit Bohnen
Foto Seite 93

---

4 Personen
Pro Portion: 435 Kal/1827 Joule, 9 g Fett, 10 g Ballaststoffe

---

425 ml Wasser
225 g brauner Langkornreis
Salz
½ TL Kurkuma
1 mittelgroße Aubergine
550 g Hähnchenschenkel, enthäutet
1 EL Pflanzenöl
1 große Zwiebel, fein gehackt
1 Knoblauchzehe, fein gehackt
1 Stange Sellerie, klein geschnitten
1 grüner Paprika, geputzt und klein geschnitten
2 große Tomaten, gehäutet und gewürfelt
100 g Champignons, blättrig geschnitten
100 g gekochte rote Bohnen
Salz und frisch gemahlener schwarzer Pfeffer
2 EL Petersilie, gehackt

Wasser in einem großen Topf zum Kochen bringen, Reis, Salz und Kurkuma zufügen und gut umrühren, damit der Reis nicht anhaftet. Zugedeckt 30 Minuten köcheln lassen, ohne umzurühren. Von der Kochplatte nehmen.
Inzwischen Aubergine würfeln und mit Salz bestreuen. In einem Sieb 30 Minuten abtropfen lassen, dann unter fließendem kalten Wasser gründlich abspülen. Mit Küchenkrepp trocken tupfen.
Inzwischen Hähnchen entbeinen und das Fleisch würfeln. Öl in einer Pfanne erhitzen, Zwiebel, Knoblauch, Sellerie, Paprika und Auberginenwürfel bei Mittelhitze 3 Minuten anbraten. Die Gemüse dürfen nicht bräunen. Hähnchenfleisch in die Pfanne geben und unter gelegentlichem Rühren 5 Minuten mitdünsten. Tomaten und Champignons zufügen, alles gut umrühren und 3–4 Minuten dünsten.
Bohnen, Fleisch und Gemüse über den Reis geben, alles gut vermischen und bei schwacher Hitze 10 Minuten dünsten. Von der Kochplatte nehmen und noch 5 Minuten durchziehen lassen. Salzen und pfeffern, Petersilie unterrühren. In einer vorgewärmten Schüssel anrichten.

Serviervorschlag
Dazu schmeckt brauner Reis, mit Erbsen vermischt und mit etwas geriebenem Käse garniert.

Hähnchentopf mit Klößchen
Foto gegenüber

4 Personen
Pro Portion: 635 Kal/2667 Joule,
30 g Fett, 8 g Ballaststoffe

1100 g Hähnchenschenkel
2 EL Weizen-Vollkornmehl
Salz und frisch gemahlener schwarzer Pfeffer
1 TL gemischte, getrocknete Kräuter
25 g Margarine
1 EL Pflanzenöl
1 große Zwiebel, fein gehackt
1 Knoblauchzehe, zerdrückt
400 g Tomaten aus der Dose
175 g Mais aus der Dose
500 ml Cidre

Klößchen
75 g Weizen-Vollkornmehl
große Prise Salz
1 TL Backpulver
40 g Margarine
1 TL getrockneter Oregano
etwa 3 EL Milch
8 gefüllte grüne Oliven

Backofen auf 180° C vorheizen.
Hähnchenschenkel halbieren. Mehl mit Salz, Pfeffer und gemischten Kräutern würzen und das Fleisch darin wenden, bis es ganz überzogen ist. Margarine und Öl in einem Topf erhitzen und das Fleisch bei Mittelhitze ringsum anbräunen. In eine Auflaufform geben und warm stellen.
Zwiebel und Knoblauch in dem im Topf zurückgebliebenen Fett 3–4 Minuten andünsten, dann die Tomaten, den Mais und den Cidre zufügen. Gut umrühren und zum Kochen bringen. Über das Hähnchenfleisch gießen und das Ganze zugedeckt 30–40 Minuten im Ofen backen.
Inzwischen die Klößchen zubereiten. Mehl mit dem Salz und dem Backpulver in eine Schüssel sieben, im Sieb zurückbleibende Kleie wieder zufügen. Margarine unterreiben, bis eine feinbröselige Mischung entsteht. Oregano und so viel Milch zufügen, daß sich ein fester Teig kneten läßt. In 8 Stücke teilen. Jede Olive mit Teig umhüllen und zu einem Klößchen kneten. Auf den Hähnchentopf legen und das Ganze noch 20 Minuten ohne Deckel garen lassen.

Spaghetti mit Broccoli und Huhn

4–6 Personen
Pro Portion bei 4 Personen:
240 Kal/1764 Joule, 7 g Fett,
13 g Ballaststoffe

400 g Vollkorn-Spaghetti
Salz
500 g Broccoli, in Röschen zerteilt
175 g gekochtes Hühnerfleisch, in dünne Streifen geschnitten
150 ml fettarmer Joghurt
frisch gemahlener schwarzer Pfeffer
1 Knoblauchzehe, zerdrückt
1 EL entkernte Datteln, gehackt
1 EL Walnüsse, gehackt

Spaghetti in einem großen Topf 12–13 Minuten oder nach Packungsanweisung in Salzwasser kochen, bis sie gerade weich sind. Abgießen und warm stellen.
Inzwischen Broccoli dünsten oder in Salzwasser kochen, bis er gerade weich ist. Gut abtropfen lassen.
Hühnerfleisch mit Joghurt, Pfeffer und Knoblauch langsam zum Köcheln bringen. Salzen, über den Broccoli gießen und die Datteln untermischen.
Spaghetti in eine vorgewärmte Schüssel geben, die Sauce darübergießen, alles gut vermischen und mit den Nüssen bestreuen.

Hähnchentopf mit Klößchen.

Huhn mit Nudeln Indische Art

4 Personen
Pro Portion: 590 Kal/2478 Joule,
19 g Fett, 4 g Ballaststoffe

1 EL Pflanzenöl
1 große Zwiebel, in dünne Scheiben geschnitten
1 Knoblauchzehe, zerdrückt
4 Stangen Sellerie, in dünne Scheiben geschnitten
1–2 TL Currypulver
1 TL Koriander, gemahlen
Prise Cayennepfeffer
Prise Ingwerpulver
425 ml helle Fleischbrühe (s. Seite 31)
500 g gekochtes Hühnerfleisch, gewürfelt
2 EL Mango- oder Pfirsich-Chutney, fein gehackt
25 g Sultaninen
Salz und frisch gemahlener schwarzer Pfeffer
150 ml fettarmer Joghurt
225 g Vollkornnudeln

Garnitur
40 g Walnüsse, gehackt

Öl in einem Topf erhitzen und die Zwiebel bei Mittelhitze 3 Minuten andünsten. Knoblauch und Sellerie zugeben und unter gelegentlichem Rühren 3 Minuten anbraten. Gewürze einrühren und 1 Minute mitbraten, dann nach und nach die Brühe zugießen. Aufkochen lassen und zugedeckt 15 Minuten köcheln lassen. Hühnerfleisch, Chutney und Sultaninen zugeben und noch 5 Minuten köcheln lassen. Salzen und pfeffern, Joghurt unterrühren und das Ganze nochmals aufkochen.
Inzwischen die Nudeln in reichlich Salzwasser 12–13 Minuten oder nach Packungsanweisung kochen, bis sie gerade weich sind. Abgießen und in eine vorgewärmte Schüssel füllen. Huhn darüber verteilen, mit den Walnüssen garnieren.

Serviervorschlag
Reichen Sie dazu einen Salat aus rotem und grünem Paprika mit Zwiebelringen. Oder Bananenscheiben, mit Zitronensaft beträufelt (auf diese Weise werden sie nicht braun) und mit Rosinen oder kleingeschnittenen, getrockneten Aprikosen vermischt.

Spaghetti mit Huhn und Zucchini

4 Personen
Pro Portion: 380 Kal/1596 Joule,
8 g Fett, 9 g Ballaststoffe

350 g Vollkorn-Spaghetti
Salz
1 EL Pflanzenöl
1 mittelgroße Zwiebel, fein gehackt
2 mittelgroße Zucchini, in dünne Scheiben geschnitten
225 g gekochtes Hühnerfleisch, gewürfelt
1 EL Estragon, gehackt
4 EL trockener Weißwein oder Cidre
frisch gemahlener schwarzer Pfeffer

Garnitur
2 EL Petersilie, gehackt

Spaghetti in einem großen Topf in sprudelnd kochendem Salzwasser 12–13 Minuten oder nach Packungsanweisung »al dente« garen.
Inzwischen Öl in einem Topf erhitzen. Zwiebel und Zucchini bei Mittelhitze 5 Minuten dünsten, dabei gelegentlich umrühren. Hühnerfleisch, Estragon und Wein oder Cidre zugeben und auf starker Hitze kochen, bis die Flüssigkeit verdampft ist.
Gegarte Spaghetti gut abtropfen lassen und zurück in den ausgespülten Topf geben. Zucchini-Hühnchen-Mischung zufügen, salzen und pfeffern und alles gut durchmischen. Sofort in eine vorgewärmte Schüssel geben und mit der Petersilie garnieren.

Pikantes Hühnchen-Nudelgericht

4 Personen
Pro Portion: 430 Kal/1806 Joule,
12 g Fett, 7 g Ballaststoffe

25 g Margarine
1 große Zwiebel, gehackt
1 EL Currypulver
½ TL Ingwerpulver
40 g Weizen-Vollkornmehl
575 ml helle Fleischbrühe (s. Seite 31)
2 EL Mango-Chutney
350 g gekochtes Hühnerfleisch, in Würfel geschnitten
225 g Vollkornnudeln
2 EL Sultaninen
150 ml fettarmer Joghurt

Margarine in einem Topf zerlassen, die Zwiebel bei Mittelhitze 3–4 Minuten darin andünsten. Curry- und Ingwerpulver einstreuen und 1 Minute mitdünsten, dann das Mehl unterrühren und 1 Minute anschwitzen lassen. Brühe zugießen und unter Rühren zum Kochen bringen. Chutney und Hühnerfleisch zugeben und alles zugedeckt 20 Minuten köcheln lassen.
Inzwischen die Nudeln in reichlich Salzwasser 12–13 Minuten oder nach Pakkungsanweisung »al dente« garen. Abgießen und in eine gefettete Schüssel geben. Sultaninen und den verquirlten Joghurt zum Hühnchen geben, gut umrühren und das Ganze noch einmal erhitzen. Über die Nudeln gießen und alles gut durchmischen.

Serviervorschlag
Zu diesem feinwürzigen Hühnchen-Nudelgericht passen ausgezeichnet die traditionellen Currybeilagen: Bananenscheiben (mit Zitronensaft beträufelt, damit sie nicht braun werden), Kokosflocken, grüner Paprika mit Zwiebelringen, Joghurt-Gurken-Salat.

Putenfleisch im Teigmantel

4 Personen
Pro Portion: 535 Kal/2247 Joule,
32 g Fett, 7 g Ballaststoffe

Teig
225 g Weizen-Vollkornmehl
Prise Salz
100 g Margarine
etwa 4 EL Wasser

Füllung
400 g Putenfleisch ohne Knochen, in Stücke geschnitten
1 EL Pflanzenöl
1 kleine Zwiebel, fein gehackt
100 g fettarmer Frischkäse oder Magerquark
100 g Mais aus der Dose, abgetropft
50 g gefüllte grüne Oliven, fein gehackt
Salz und frisch gemahlener schwarzer Pfeffer
1 EL gehackte Petersilie
Milch zum Bestreichen

Für den Teig das Mehl mit dem Salz durchsieben und die Margarine unterreiben, bis eine feinbröselige Mischung entsteht. Gerade so viel Wasser zugeben, daß sich ein fester Teig kneten läßt. Zugedeckt mindestens 30 Minuten kühl stellen.
Inzwischen die Füllung zubereiten. Öl in einem Topf erhitzen und das Putenfleisch unter häufigem Wenden bei Mittelhitze etwa 15–20 Minuten anbraten, bis es ringsum goldbraun ist. Zwiebel zufügen und 3 Minuten mitbraten. Abkühlen lassen.
Frischkäse oder Quark, Mais und Oliven vermischen, salzen und pfeffern und die Petersilie unterrühren.
Backofen auf 200° C erhitzen. Backblech fetten.
Teig auf einer leicht bemehlten Fläche zu einem etwa 30×18 cm großen Rechteck ausrollen. Das abgekühlte Putenfleisch auf einer Teighälfte verteilen, mit

der Käsemischung bedecken. Teigränder mit Wasser anfeuchten und den Teig über die Füllung schlagen, so daß sie völlig eingehüllt ist. Ränder fest zusammendrücken, überstehenden Teig zurückschneiden. Teigrolle mit der Nahtstelle nach unten vorsichtig auf das Blech legen, mit Milch bestreichen. Teigreste ausrollen, Blattformen ausschneiden und die Rolle damit verzieren. Nochmals mit Milch bestreichen und 25–30 Minuten backen.
Soll die Teigrolle heiß gegessen werden, serviert man sie auf einer vorgewärmten Platte. Sonst läßt man sie etwas abkühlen und legt sie zum Auskühlen auf ein Kuchengitter. In dicke Scheiben schneiden.

Festlicher Lammbraten mit Walnußfüllung

4–6 Personen
Pro Portion bei 4 Personen:
267 Kal/1121 Joule, 15 g Fett,
5 g Ballaststoffe

2 Stücke Lammrücken, jedes mit 6 Koteletts

Füllung
15 g Margarine
1 kleine Zwiebel, fein gehackt
1 Knoblauchzehe, zerdrückt
100 g Vollkornbrösel (s. Tip Seite 27)
2 Orangen
1 EL Minze, gehackt
50 g Walnüsse, gehackt
Salz und frisch gemahlener Pfeffer
2 TL Weizen-Vollkornmehl
225 ml helle Fleischbrühe (s. Seite 31)
1 EL Petersilie, gehackt

Backofen auf 180° C vorheizen.
Die oberen Rippenenden etwa 5 cm freilegen, d. h. Fleisch oder Fett abschneiden. Bratenstücke aufrecht einander gegenüberstellen, so daß die Rippen nach außen gekehrt sind und die Rippenenden nach oben zeigen. Die Oberkanten der Bratenstücke gegeneinander neigen und zusammendrücken, so daß sich die Rippenenden ineinander verzahnen. An den Kreuzungsstellen mit Küchengarn webartig zusammenbinden. Rippenenden mit Folie umhüllen, damit sie nicht verbrennen.
Für die Füllung Margarine in einem kleinen Topf zerlassen. Zwiebel und Knoblauch bei Mittelhitze 3–4 Minuten andünsten, bis sie weich, aber nicht gebräunt sind, dabei gelegentlich umrühren. Von der Kochplatte nehmen und Brösel einrühren. Von einer der Orangen die Schale abreiben und den Saft auspressen, die andere filetieren und das Fruchtfleisch klein schneiden. Mit der Minze und den Walnüssen in den Topf geben, salzen und pfeffern. Diese Füllung in den v-förmigen Zwischenraum zwischen den Bratenstücken geben.
Aufrecht in einen Bräter stellen und 1¾–2 Stunden im Ofen braten. Das Lammfleisch soll noch leicht rosa sein. Fleisch auf einer vorgewärmten Platte anrichten und warm stellen.
Für die Sauce den Bratensaft abgießen und auffangen. Den Bräter bei Mittelhitze auf die Kochplatte stellen, Mehl einstreuen und mit einem Holzlöffel verrühren. Das Fett, das sich über dem Bratensaft angesammelt hat, abschöpfen und anschließend den Bratensaft zurück in den Bräter gießen, unter Rühren die Brühe zugießen. Salzen, pfeffern und aufkochen. Gesondert servieren.
Folie von den Rippenenden entfernen und Papiermanschetten darüberstreifen, Petersilie über den Braten streuen.

Serviervorschlag
Dazu passen in der Schale gebackene Kartoffeln und ein grünes Gemüse, zum Beispiel Broccoli oder Rosenkohl, mit Butterbröseln bestreut (s. Seite 42).

Lamm mit Artischockenherzen

4 Personen
Pro Portion: 310 Kal/1302 Joule,
15 g Fett, 1 g Ballaststoffe

550 g mageres Lammfleisch
1 große Zwiebel, in Scheiben geschnitten
1 Knoblauchzehe, zerdrückt
425 ml Gemüsepüreesuppe (s. Seite 32)
Salz und frisch gemahlener schwarzer Pfeffer
400 g Artischockenherzen aus der Dose, abgetropft
1 EL Petersilie, gehackt

Backofen auf 180° C vorheizen.
Das Lammfleisch von anhaftenden Fettschichten befreien und in 4 cm große Würfel schneiden. In einer Pfanne bei starker Hitze unter Rühren anbraten, damit sich die Poren schließen. Auf Mittelhitze reduzieren, Zwiebel und Knoblauch zufügen und 3 Minuten unter Rühren mitschmoren. Suppe zugießen, pfeffern, salzen und zum Kochen bringen. Lamm in eine ofenfeste Form umfüllen und zugedeckt 1 Stunde im Ofen backen. Artischocken zufügen und weitere 15 Minuten backen. Petersilie unterrühren, das Gericht sehr heiß servieren.

Serviervorschlag
Reichen Sie dazu gemischten Salat, zum Beispiel Kopfsalat, grünen Paprika und Tomaten. Oder richten Sie das Lammfleisch auf braunem Langkornreis an.

Variationen
Eintöpfe lassen sich sehr gut mit Ballaststoffen anreichern, wenn man sie mit selbstgekochten Suppen zubereitet. Geschmacklich werden Sie einen himmelweiten Unterschied zu Dosensuppen feststellen. Probieren Sie verschiedene Suppen aus, dieses Gericht schmeckt zum Beispiel gut mit Möhren-, Zucchini- und Blumenkohlsuppe.

Lammragout mit Nudeln

4 Personen
Pro Portion: 480 Kal/2016 Joule,
22 g Fett, 2 g Ballaststoffe

550 g Lammfleisch (Hals)
2 mittelgroße Zwiebeln, in Scheiben geschnitten
1 Knoblauchzehe, zerdrückt
1 EL Weizen-Vollkornmehl
425 ml helle Fleischbrühe (s. Seite 31)
150 ml Orangensaft
Salz und frisch gemahlener Pfeffer
2 EL Minze, gehackt
100 g Vollkornnudeln

Backofen auf 180° C vorheizen.
Lammfleisch von Fett befreien und würfeln. In einer Pfanne bei schwacher Hitze unter Rühren anbraten, bis das Fett austritt. Überschüssiges Fett abschütten. Hitze etwas höher schalten und das Fleisch ringsum bräunen, dabei gelegentlich umrühren. Mit einem Schaumlöffel herausnehmen. Zwiebeln im Bratfett andünsten, dabei umrühren, damit sie nicht bräunen. Knoblauch und Mehl zufügen, 1 Minute dünsten, dann nach und nach die Brühe und den Orangensaft einrühren. Fleisch zurück in die Pfanne geben, salzen und pfeffern und die Minze unterrühren. Aufkochen lassen, dann in eine feuerfeste Form umfüllen. Zugedeckt 2½ Stunden backen. Inzwischen die Nudeln in reichlich Salzwasser 12–13 Minuten oder nach Packungsanweisung »al dente« kochen. Gut abtropfen lassen und unter das Lammfleisch mischen. Ragout noch 15 Minuten zugedeckt im Ofen garen.

Serviervorschlag
Dazu paßt gemischter Salat – zum Beispiel gehobelter Weißkohl, dünne Sellerie- und Zucchinischeiben und Tomatenviertel – oder nur grüner Salat mit reichlich frischen Kräutern.

Lamm-Pilaf

4 Personen
Pro Portion: 410 Kal/1722 Joule,
12 g Fett, 2 g Ballaststoffe

425 ml helle Fleischbrühe (s. Seite 31)
225 g brauner Rundkornreis
Salz und frisch gemahlener schwarzer Pfeffer
500 g mageres Lammfleisch, Fett entfernt und gewürfelt
1 mittelgroße Zwiebel, in dünne Scheiben geschnitten
2 Knoblauchzehen, fein gehackt
2 Stangen Sellerie, klein geschnitten
2 EL helle Fleischbrühe
1 EL Petersilie, gehackt

Garnitur
Prise Cayennepfeffer

Die Brühe in einen großen Topf gießen, aufkochen lassen, den Reis zufügen, salzen und pfeffern, umrühren, damit der Reis nicht anhaftet. Zugedeckt etwa 40 Minuten köcheln lassen, bis die Brühe aufgesogen und der Reis weich ist. Von der Kochplatte nehmen.
Inzwischen das Fleisch in einer Pfanne bei schwacher Hitze anbraten, bis das Fett austritt. Überschüssiges Fett abschütten. Auf Mittelhitze schalten und das Fleisch unter Rühren ringsum bräunen. Zwiebel, Knoblauch, Sellerie und die 2 EL Fleischbrühe zufügen. Zugedeckt auf niedrigster Stufe etwa 20 Minuten köcheln lassen, bis das Fleisch weich ist, dabei gelegentlich umrühren. Fleisch mit dem Reis vermischen und gegebenenfalls nachwürzen. Petersilie unterziehen. In einer vorgewärmten Schüssel anrichten, als Garnitur eine Prise Cayennepfeffer darüberstreuen.

Kohlrouladen

Foto Seite 105

4 Personen
Pro Portion: 240 Kal/1008 Joule,
5 g Fett, 5 g Ballaststoffe

8 große Kohlblätter
Salz
225 g gegartes, mageres Lammfleisch, durch den Fleischwolf gedreht
100 g gekochter brauner Langkornreis, abgetropft und kalt
3 EL Tomatenmark
2 TL mittelscharfer Senf
1 EL Minze, gehackt
frisch gemahlener schwarzer Pfeffer
275 ml helle Fleischbrühe (s. Seite 31)
1 EL Worcestershire-Sauce
25 g Weizenkleie
2 TL Maismehl

Garnitur
1 EL Petersilie, gehackt

Backofen auf 180° C vorheizen. Eine flache, ofenfeste Form fetten.
Strunkenden der Kohlblätter zurückschneiden. Blätter in kochendem Salzwasser 2 Minuten blanchieren, abtropfen lassen und mit Küchenkrepp trocken tupfen.
Das durchgedrehte Fleisch, Reis, 2 EL Tomatenmark, Senf, Minze und Pfeffer vermischen. Mit ein wenig Brühe geschmeidig kneten. Auf den Kohlblättern verteilen. Blätter vom Strunkende her aufrollen, Seiten einschlagen, so daß feste Päckchen entstehen. Kohlrouladen mit den losen Blattenden nach unten in die Form legen. Brühe darübergießen und das Ganze zugedeckt 30 Minuten im Ofen garen.
Brühe abgießen und auffangen, Rouladen wieder zudecken und warm stellen. Restliches Tomatenmark mit Worcestershire-Sauce, Kleie und Maismehl vermischen. Nach und nach etwas Brühe

einrühren. In einen kleinen Topf gießen, restliche Brühe unterrühren und dabei aufkochen lassen. Kräftig salzen und pfeffern. Etwas Sauce über die Kohlrouladen gießen, mit Petersilie garnieren. Restliche Sauce gesondert reichen.

Serviervorschlag
Dazu schmecken Kartoffelpuffer, Kartoffelteig-Ecken (s. Seite 26 und 27) oder brauner Reis, knackige Salate.

Tip Statt des braunen Reis können Sie auch feingeschnittene Kohlblätter in den Fleischteig geben.
Mit 2 EL Weizenkleie und/oder 2 EL Weizenschrot erhält der Fleischteig zusätzliche Ballaststoffe und mehr Biß.

Spaghetti süß-sauer mit Schweinegeschnetzeltem

---

6 Personen
Pro Portion: 410 Kal/1722 Joule,
9 g Fett, 3 g Ballaststoffe

---

1 EL Pflanzenöl
1 mittelgroße Zwiebel, in Scheiben geschnitten
500 g Schweinefilet, in dünne Streifen geschnitten
2 EL Weizen-Vollkornmehl
2 EL Tomatenmark
575 ml helle Fleischbrühe (s. Seite 31)
1 roter Paprika, geputzt und in Streifen geschnitten
1 grüner Paprika, geputzt und in Streifen geschnitten
1 große Möhre, in feine Julienne geschnitten
100 g Ananasstücke aus der Dose, abgetropft
3 Stücke eingelegter Ingwer, abgetropft und in dünne Scheiben geschnitten
2 EL Sojasauce
Salz und frisch gemahlener schwarzer Pfeffer
350 g Vollkorn-Spaghetti

Öl in einem Topf erhitzen und die Zwiebel bei Mittelhitze etwa 3 Minuten anbraten. Schweinefleisch zufügen und unter häufigem Rühren 4–5 Minuten anbraten, bis es ringsum gebräunt ist.
Mehl unterrühren, anschließend das Tomatenmark. Nach und nach die Brühe einrühren und zum Kochen bringen.
Paprika und Möhren zufügen und zugedeckt etwa 20 Minuten köcheln lassen, bis die Gemüse gerade weich sind. Ananas, Ingwer und Sojasauce zufügen und gegebenenfalls nachwürzen. Noch 5 Minuten köcheln lassen.
Inzwischen die Spaghetti in reichlich sprudelnd kochendem Salzwasser 12–13 Minuten oder nach Packungsanweisung »al dente« garen. Abtropfen lassen und in eine gefettete Schüssel geben. Sauce darübergießen und alles mit zwei großen Gabeln durchmischen.

Serviervorschlag
Dazu schmeckt jeder gut gekühlte, knackige Salat, zum Beispiel gewürfelte Gurken, Stangensellerie und Chinakohl.

Kalbfleischklößchen mit Nudeln

Foto gegenüber

4 Personen
Pro Portion: 380 Kal/1596 Joule,
5 g Fett, 9 g Ballaststoffe

350 g Kalbfleisch zum Schmoren, durch den Fleischwolf gedreht
1 große Zwiebel, fein gehackt
1 Knoblauchzehe, zerdrückt
100 g Vollkornbrösel (s. Tip Seite 27)
1 TL Dill, gehackt
1 EL Petersilie, gehackt
Salz und frisch gemahlener schwarzer Pfeffer
2 EL Weizen-Vollkornmehl
275 ml fettarmer Joghurt
100 g Champignons, blättrig geschnitten
225 g Vollkornnudeln
1 EL Minze, gehackt

Kalbfleisch in einer Pfanne bei schwacher Hitze unter Rühren anbraten, bis das Fett austritt. Überschüssiges Fett abschütten. Zwiebel und Knoblauch zufügen und bei Mittelhitze 4–5 Minuten anbraten, bis die Zwiebel glasig ist, dabei gelegentlich umrühren. Mit einem Schaumlöffel herausnehmen und in eine Schüssel geben. Brösel, Dill und Petersilie unterrühren, salzen und pfeffern. Mit einer Gabel alles gut zerdrücken.
Hände leicht einmehlen und aus der Masse 12 Klößchen kneten, in Mehl wälzen, bei Mittelhitze im restlichen Bratfett ringsum anbraten, dabei häufig wenden. Joghurt zugeben und zugedeckt 20 Minuten köcheln lassen. Salzen und pfeffern, die Champignons zugeben und noch 5 Minuten köcheln lassen.
Inzwischen die Nudeln in reichlich sprudelnd kochendem Salzwasser 12–13 Minuten oder nach Packungsanweisung »al dente« garen. Gut abtropfen lassen.
Fleischklößchen und Sauce auf eine vorgewärmte Platte geben, mit den Nudeln umlegen. Mit der Minze bestreuen.

Rindfleischtopf mit Bohnen

Foto gegenüber

4 Personen
Pro Portion: 525 Kal/2205 Joule,
20 g Fett, 19 g Ballaststoffe

500 g Rindfleisch zum Schmoren
40 g Weizen-Vollkornmehl
Salz und frisch gemahlener Pfeffer
½ TL gemischte, getrocknete Kräuter
1 EL Pflanzenöl
1 große Zwiebel, in Scheiben geschnitten
2 Knoblauchzehen, zerdrückt
6 Stangen Sellerie, in Scheiben geschnitten
1 grüner Paprika, geputzt und in dünne Streifen geschnitten
225 g Tomaten aus der Dose
275 ml dunkle Fleischbrühe (s. Seite 32)
1 EL Tomatenmark
350 g gekochte rote Bohnen
25 g gefüllte Oliven, in Scheiben geschnitten
25 g Weizenkleie

Backofen auf 170° C vorheizen.
Rindfleisch vom Fett befreien und in 4 cm große Würfel schneiden. Mehl mit Salz, Pfeffer und Kräutern vermischen, Fleisch darin wälzen. Öl erhitzen und das Fleisch portionsweise bei Mittelhitze ringsum anbräunen. In eine ofenfeste Form geben.
Zwiebel, Knoblauch, Sellerie und Paprika in dem restlichen Bratfett 3–4 Minuten andünsten, nicht bräunen. Tomaten, Brühe und Tomatenmark unterrühren und alles zum Kochen bringen. Über das Rindfleisch füllen und gut umrühren.
Zugedeckt 2 Stunden im Ofen garen.
Bohnen, Oliven und Kleie zufügen, vermischen. Weitere 45 Minuten im Ofen garen, bis das Fleisch weich ist.

Rindfleischtopf mit Bohnen (Mitte), Kalbfleischklößchen mit Nudeln (links), Kohlrouladen (rechts, s. Seite 102).

Hackfleischtopf mit Brotkruste

4 Personen
Pro Portion: 425 Kal/1785 Joule, 22 g Fett, 7 g Ballaststoffe

500 g Rinderhack
1 große Zwiebel, gehackt
2 EL Weizen-Vollkornmehl
400 g Tomaten aus der Dose
1 EL Tomatenmark
100 g kleine Champignons
1 TL gemischte, getrocknete Kräuter
Salz und frisch gemahlener schwarzer Pfeffer

Kruste
4 Scheiben Vollkornbrot, mit Margarine bestrichen

Backofen auf 200° C vorheizen.
Hackfleisch in einer Pfanne bei schwacher Hitze unter Rühren anbraten, bis das Fett austritt. Überschüssiges Fett abschöpfen. Auf Mittelhitze schalten und das Fleisch unter häufigem Rühren gleichmäßig bräunen. Mit einem Schaumlöffel herausnehmen und beiseite stellen.
Zwiebel im restlichen Bratfett 3–4 Minuten andünsten. Fleisch zurück in die Pfanne geben, Mehl darüberstäuben und 1 Minute unter Rühren braten. Tomaten, Tomatenmark, Champignons und Kräuter zufügen, das Ganze zum Kochen bringen. Salzen und pfeffern und 10 Minuten köcheln lassen. In eine feuerfeste Form füllen.
Brot in Dreiecke schneiden und mit der bestrichenen Seite nach oben dicht nebeneinander auf das Fleisch legen.
15–20 Minuten backen, bis die Kruste goldbraun und knusprig ist.

Rindsrouladen mit Rosinen

4 Personen
Pro Portion: 425 Kal/1785 Joule, 21 g Fett, 9 g Ballaststoffe

4 dünne Scheiben Rindfleisch aus der Oberschale von je ca. 100 g
25 g Margarine
1 kleine Zwiebel, fein gehackt
1 Knoblauchzehe, zerdrückt
30 g Rosinen, gehackt
50 g Vollkornbrösel (s. Tip Seite 27)
25 g Weizenkleie
1 EL Petersilie, gehackt
½ TL Nelkenpfeffer, gemahlen
Salz und frisch gemahlener schwarzer Pfeffer
40 g Weizen-Vollkornmehl

Sauce
1 EL Pflanzenöl
1 mittelgroße Zwiebel, fein gehackt
1 Knoblauchzehe, zerdrückt
25 g Weizenkleie
150 ml dunkle Fleischbrühe (s. Seite 32)
275 ml Altbier
40 g Rosinen

Garnitur
1 EL Petersilie, gehackt

Rindfleisch zwischen fettundurchlässigem Papier sehr dünn klopfen und rollen, jede Scheibe halbieren. Margarine in einem Topf zerlassen. Zwiebel und Knoblauch bei Mittelhitze 3–4 Minuten unter häufigem Rühren andünsten, bis sie weich, aber nicht gebräunt sind. Mischung in eine Schüssel geben und mit Rosinen, Bröseln, Kleie, Petersilie und Nelkenpfeffer vermischen. Salzen und pfeffern und mit einer Gabel zerdrükken. Auf den Fleischscheiben verteilen, fest andrücken und jede Scheibe aufrollen. Mit Küchengarn zusammenbinden oder mit Zahnstochern feststecken. Gründlich in Mehl wenden.
Backofen auf 170° C vorheizen.

Für die Sauce Öl in einer Pfanne erhitzen und die Rouladen unter gelegentlichem Wenden ringsum anbräunen. In eine ofenfeste Form legen. Zwiebel und Knoblauch im zurückgebliebenen Bratfett 3–4 Minuten andünsten, dabei gelegentlich umrühren. Übrig gebliebenes Mehl und die Kleie zufügen, gut umrühren. Nach und nach die Brühe und das Altbier einrühren, Rosinen zufügen, salzen und pfeffern und das Ganze unter ständigem Rühren zum Kochen bringen. Über die Rouladen gießen, zugedeckt 2 Stunden im Ofen garen.
Garn oder Zahnstocher entfernen. Mit Petersilie bestreuen und heiß servieren.

Kaninchenragout mit Kräuterklößchen

---

4 Personen
Pro Portion: 520 Kal/2184 Joule,
22 g Fett, 7 g Ballaststoffe

---

15 g Margarine
1 große Zwiebel, in Scheiben geschnitten
4 Stangen Sellerie, in Scheiben geschnitten
1 kg Kaninchenfleisch in Stücken
25 g Weizen-Vollkornmehl
Salz und frisch gemahlener schwarzer Pfeffer
225 g Möhren, in Scheiben geschnitten
275 ml trockener Cidre
275 ml helle Fleischbrühe (s. Seite 31)
1 EL Senf mit Senfkörnern
100 g Champignons, blättrig geschnitten
225 g sehr kleine Kartoffeln, abgebürstet

Klößchen
100 g Weizen-Vollkornmehl
1½ TL Backpulver
½ TL Salz
50 g Margarine
1 TL getrocknete, gemischte Kräuter
etwa 4 EL Milch

Margarine in einem großen Topf erhitzen und die Zwiebel bei Mittelhitze etwa 3 Minuten andünsten, nicht bräunen lassen. Sellerie zufügen und 2 Minuten mitbraten. Kaninchenfleisch in mit Salz und Pfeffer gewürztem Mehl wenden und in den Topf geben. 5 Minuten unter häufigem Wenden anbraten, so daß das Fleisch ringsum gleichmäßig bräunt. Möhren, Cidre, Brühe und Senf zufügen und das Ganze zum Kochen bringen. Gegebenenfalls mit Salz und Pfeffer abschmecken. Zugedeckt 1½ Stunden leise köcheln lassen.
Inzwischen die Klößchen zubereiten. Mehl mit Backpulver und Salz vermischen und die Margarine unterreiben, bis eine feinbröselige Mischung entsteht. Kräuter und gerade so viel Milch zufügen, daß sich ein weicher Teig kneten läßt. Zwischen den Handflächen zu 8 Klößchen rollen.
Die Klößchen mit den Champignons und den Kartoffeln zum Ragout geben. Zudecken und noch 15–20 Minuten köcheln lassen, bis die Klößchen locker und aufgegangen sind.

Serviervorschlag
Die traditionelle Beilage zu einem Wildragout wie diesem sind Wurzelgemüse – Pastinaken, weiße Rübchen, Steckrüben, Möhren –, entweder gesondert serviert oder gemischt. Mischgemüse werden interessanter, wenn Sie die einzelnen Gemüsesorten in unterschiedlichen Formen zurechtschneiden: Scheiben, Würfel, fingerdicke Streifen usw. Mit gehackter Minze garnieren.

Backen

Wer noch keine Erfahrung im Backen mit Vollkornmehl hat, wird einige aufregende Entdeckungen machen:

- Vollkornmehl besitzt einen nußartigen Eigengeschmack, das Gebäck wird dadurch aromatischer.
- Brot, Kuchen, Kekse und Kleingebäck gehen nicht so stark auf, das Gebäck wird also etwas schwerer, der Teig fester.
- Auch Teigböden werden etwas schwerer. Im Verlauf dieses Buchs werden Sie immer wieder auf Rezepte für Teigböden stoßen – verwenden Sie sie für alle Ihre Lieblingsfüllungen.

Wer mit Vollkornmehl bäckt, in dem das gesamte gereinigte Weizenkorn einschließlich Kleie und Weizenkeim enthalten ist, reichert seine Ernährung mit Ballaststoffen, Eisen und Vitaminen der B-Gruppe an.

Mehltypen werden durch ihren Ausmahlungsgrad gekennzeichnet. Vollkornmehl (oder Vollkorn-Weizenmehl) bedeutet, daß nichts vom Korn entfernt wurde, es enthält also das Korn zu 100%. Je nachdem, wie fein das Getreide gemahlen wird, erhält man Schrot (grob gemahlen), Grieß (mittelfein gemahlen) oder Mehl (fein gemahlen).

Mehlsorten, bei denen ein Teil der äußeren Hülle des Korns, also der Kleie, entfernt wurde, ergeben leichtere Teige. Sie sind durch einen hohen Ausmahlungsgrad gekennzeichnet. Die gebräuchlichste dieser Mehlsorten, die bei uns angeboten wird, trägt die Bezeichnung Type 1050.

Auszugsmehle enthalten gewöhnlich nur noch 30–40% des gereinigten Weizenkorns und somit weit weniger Ballaststoffe.

Sie werden feststellen, daß aus Vollkornmehl gebackene Brote, Kuchen und Kekse stärker sättigen und länger vorhalten, man ißt also insgesamt weniger davon.

Wenn Sie beim Backen nicht ganz und gar auf Zucker verzichten wollen oder können, sollten Sie dennoch versuchen, sich dabei auf ein Minimum zu beschränken. Für den Alltag sollten einfache Brote und weniger üppige Kuchen und Kekse genügen. Behalten Sie das süßere Gebäck besonderen Gelegenheiten vor, gelegentlich ein süßes Stückchen Kuchen hat noch niemandem geschadet!

Grundrezept für Vollkornbrot

Ergibt 4 Brote von je 450 g
Pro Scheibe von 50 g: 130 Kal/546 Joule, 1 g Fett, 4 g Ballaststoffe

Die Mengen von Zucker, Fett und Salz dieses Grundrezepts können nach Geschmack variiert werden. Wieviel Wasser man für den Teig braucht, hängt von der Aufnahmefähigkeit der jeweiligen Mehlsorte ab.
Das Wasser hat die richtige Temperatur, wenn Sie ein Drittel kochendes Wasser mit zwei Drittel kaltem Leitungswasser mischen.

850 ml Wasser, auf 43° C erwärmt
25 g Zucker
25 g Trockenhefe
25 g Margarine
1 EL Salz
1,4 kg Vollkornmehl

Ein Drittel der gesamten Wassermenge in eine Schüssel gießen. Die Hälfte des Zuckers darin auflösen, Hefe einstreuen und alles mit einer Gabel durchschlagen. 10–15 Minuten an einem warmen Ort zugedeckt ruhen lassen, bis sich Blasen bilden.
Inzwischen das Fett in einer angewärmten Schüssel unter das mit dem Salz und dem restlichen Zucker vermischte Mehl reiben. In die Mitte eine Mulde drücken.
Sobald die Hefemischung schaumig ist, diese mit der restlichen Wassermenge vermischen und zum Mehl gießen. Alles gut durcharbeiten, bis der Teig glatt ist und nicht mehr an der Schüssel anhaftet.
Teig auf einer leicht bemehlten Fläche 10 Minuten durchkneten. Dabei den Teig mit den Handballen nach unten drücken und von sich wegschieben. Das flache Teigstück dann umklappen und den Vorgang wiederholen.
Teig zugedeckt an einem warmen Ort ruhen lassen, bis er sein Volumen verdoppelt hat. Wie lange das dauert, hängt von der Raumtemperatur ab. In einer warmen Küche braucht der Teig dazu vielleicht nur 30 Minuten, bei durchschnittlicher Zimmertemperatur 1–2 Stunden, im Kühlschrank (wenn der Teig am Tag zuvor zubereitet wird) 12–24 Stunden.
Inzwischen für Kastenbrote 4 Kastenformen einfetten und an einen warmen Ort stellen. Man kann aber auch Laibe formen, die auf gefetteten Blechen gebakken werden (s. Seite 112). Backofen auf höchster Stufe vorheizen, so daß der maximale Hitzegrad erreicht ist, wenn das Brot eingeschoben wird.
Sobald der Teig sein Volumen verdoppelt hat, auf einer leicht bemehlten Fläche nochmals 3–4 Minuten leicht durchkneten. In 4 Stücke teilen, jedes zu einem langen, flachen Rechteck in der Breite der Kastenform formen, dann dreifach zusammenfalten, Enden gut festdrücken, Oberfläche glätten und in die Form setzen. Zugedeckt noch einmal etwa 30 Minuten an einem warmen Ort gehen lassen, bis der Teig 1,5 cm über den Rand der Form hinausragt.
Der Teig ist backfertig, wenn sich die Mulde, die man mit einem leicht bemehlten Finger hineindrückt, gleich wieder schließt.
Vor dem Backen können die Brote nach Belieben bestrichen oder bestreut werden, auf diese Weise läßt sich die Kruste variieren (s. Seite 111).
Nun die Backofen-Temperatur auf 230° C herunterschalten, die Brote einschieben und 30–40 Minuten backen, bis sie sich etwas von den Rändern der Form gelöst haben. Bräunen sie zu rasch, schaltet man die Temperatur nach 20 Minuten auf 220° C herunter.
Durchgebackene Brote klingen hohl, wenn man gegen die Unterseite der Form klopft. Dann das Brot aus der Form nehmen und auf einem Kuchengitter abkühlen lassen.

Backen mit frischer Hefe

Für die angegebene Mehlmenge braucht man 50 g frische Hefe.

Mehl mit Salz vermischen und Fett unterreiben. Zucker einrühren. Hefe in etwas Wasser auflösen und an einem warmen Ort einige Minuten ruhen lassen, bis sie Blasen wirft. Hefemischung und restliches Wasser auf einmal zum Mehl geben. Schnell verkneten, bis sich der Teig vom Schüsselrand löst. Dann weiter verfahren, wie oben beschrieben.

Schnellere Teigzubereitung

Man kann die Brote auch gleich nach dem ersten Kneten formen und nur einmal gehen lassen. Das Brot wird dann gröber.

Oder: Hefe und Zucker vermischen, wenig Wasser dazugeben und eine gleichmäßig flüssige Lösung rühren. In einer anderen Schüssel alle anderen Zutaten miteinander vermischen, die Hefe-Zuckerlösung dazugießen und alles in der Küchenmaschine oder mit den Knethaken des Handrührgeräts zu einem glatten Teig verarbeiten. Teig zugedeckt an einem warmen Ort ruhen lassen, bis er sein Volumen verdoppelt hat. Dann weiterverfahren, wie beschrieben.

Tip Das Brot wird besonders reich an Ballaststoffen, wenn Sie auf je 450 g Vollkornmehl 40 g Kleie geben, bevor Sie die Margarine unterreiben.

Verschiedene Krusten

Je nachdem, wie man die Teigoberfläche behandelt, erhält man unterschiedliche Krusten.

Weiche Kruste Brot vor dem Backen mit Mehl bestäuben. Das fertige Brot während des Abkühlens in ein Tuch hüllen.

Knusprige Kruste Den aufgegangenen Teig leicht mit Wasser oder Salzwasser bestreichen.

Glänzende Kruste Den aufgegangenen Teig leicht mit Milch oder, wenn die Kruste weniger stark glänzen soll, mit einer Mischung aus Milch und Wasser bestreichen.

Goldbraune Kruste Den aufgegangenen Teig mit einem mit etwas Milch verquirlten Ei oder Eigelb oder mit zerlassener Margarine bestreichen.

Bestreute Oberflächen Es sorgt für reizvolle Abwechslung, wenn die Brotoberfläche vor dem Backen bestreut wird. Je nach Geschmacksrichtung und Verwendungszweck eignen sich Vollkorn-Weizen- oder Roggenmehl, durchgesiebt oder nicht, Kleie, Weizenflokken, Weizenschrot, feines oder mittelfeines Hafermehl, ganze oder zerstoßene Haferflocken, Mohn oder Gewürzkörner (Fenchel, Kümmel, Kreuzkümmel, Sesam oder Koriander). Die Körner halten besser, wenn man den Teig zuvor bestreicht.

Verschiedene Brotformen

Landbrot Teig halbieren, jede Hälfte nochmals in 2 Stücke teilen, eines davon doppelt so groß wie das andere. Alle Stücke zu Kugeln formen. Je eine kleine Kugel auf eine große drücken. Brote in der Mitte mit einem bemehlten Finger oder einem hölzernen Kochlöffelstiel von oben bis unten durchbohren, auf diese Weise werden die beiden Teile verbunden.

Zopf Teig halbieren. Jede Hälfte in 3 Stücke teilen, diese zu etwa 30 cm langen Rollen formen. Drei Rollen an einem Ende zusammendrücken und auf ein gefettetes Blech legen. Einen schweren Gegenstand auf das Zopfende legen, damit der Teig nicht rutscht. Die Rollen locker miteinander verflechten, es muß Platz zum Gehen des Teiges bleiben (zur Erinnerung: Die äußeren Stränge abwechselnd über den jeweiligen Mittelstrang legen). Teigenden etwas schmäler auslaufen lassen, dann fest zusammendrükken. Mit der zweiten Teighälfte ebenso verfahren.

Länglicher Laib Teig in 3 Stücke teilen. Jedes Stück zu einer dicken, etwa 15 cm langen Rolle formen. Auf ein gefettetes Blech legen, mit einem Messer drei schräge Einschnitte in die Oberfläche drükken, Teig zugedeckt wie gewohnt gehen lassen.

Rundlaib Teig in 4 Stücke teilen, jedes Stück zu einem runden Laib formen. In die Mitte ein tiefes Kreuz einschneiden. Auf ein Blech setzen und zugedeckt wie gewohnt gehen lassen.

Blumentopfbrot Brot kann auch in neuen oder sorgfältig gereinigten Blumentöpfen aus Ton gebakken werden. Um sie grundsätzlich als Backform vorzubereiten, müssen sie sorgfältig eingefettet und ohne Inhalt bei 200° C 30 Minuten in den Ofen gegeben werden. Vorgang noch einmal wiederholen, dann sind die Töpfe gebrauchsfertig (wenn sie nicht auf diese Weise vorbereitet werden, klebt das Brot an).

Vor dem Backen die Töpfe immer gut einfetten und dann genauso wie andere Backformen behandeln. Töpfe beim Backen senkrecht in den Ofen stellen. Ähnlich geformte Brote, die sich nach unten hin verjüngen, können auch in anderen ofenfesten Schüsseln gebacken werden.

Landbrot (links), Geformte Brötchen (Mitte, s. Seite 114), Blumentopfbrot (oben rechts), Zopf (unten rechts).

Runde Brötchen Teig in kleine Stücke teilen, die etwas größer als ein Tischtennisball sind. Jedes Stück zwischen den Handflächen zu einer Kugel rollen, zunächst unter stärkerem, dann unter nachlassendem Druck, bis der Teig eine glatte Kugel bildet. Brötchen in Abständen auf die Bleche setzen und zugedeckt wie gewohnt gehen lassen.
Bei 230° C 15–20 Minuten backen, bis sie gut aufgegangen sind und beim Beklopfen hohl klingen.
Weckenbrot 10 runde Brötchen formen. Eine Kuchenform mit 25 cm Durchmesser fetten, 7 Brötchen ringsum an den Rand und 3 in die Mitte setzen. Mit gefetteter Folie bedecken und wie gewohnt gehen lassen. Mit Milch bestreichen und nach Belieben bestreuen. Wird eine Kastenform benutzt, 12 Brötchen formen und in 2 Reihen zu je 6 Brötchen in die Form setzen.
Geformte Brötchen Teig in kleine Stücke zu je etwa 40 g teilen, jedes Stück zu einer 20 cm langen, etwa 2,5 cm dicken Rolle formen.
Rollen entweder zu S-Formen drehen oder zu Hufeisen formen oder in der Mitte einen lockeren Knoten schlingen oder zu einem Ring schließen. In Abständen auf ein gefettetes Blech setzen. Zugedeckt wie gewohnt gehen lassen. Wie Brötchen backen.

Einfrieren von Teig, Brot und Hefe
Brot läßt sich sehr gut einfrieren. Wenn Sie ein Gefriergerät besitzen, lohnt es sich also, gleich größere Mengen Teig zuzubereiten.
Teig vor dem Gehen Teig nach dem ersten Kneten in die gewünschten Portionen teilen, 450 g ergeben einen kleinen Laib. In einen großen, gefetteten Gefrierbeutel geben, Luft herausdrükken und verschließen. Der Teig soll noch ein wenig Platz zum Gehen haben, bevor er gefriert. Er kann gefroren bis zu 8 Wochen aufbewahrt werden.
Zum Backen den Beutel öffnen und den Teig bei Zimmertemperatur auftauen und gehen lassen. Durchkneten und nach Belieben formen.
Gegangener Teig Teig einschließlich dem zweiten Kneten zubereiten. In Portionen teilen und nach Belieben formen, dann einzeln in leicht gefettete Folien wickeln. Fest zubinden, beschriften und einfrieren. Zum Backen den gefrorenen Teig auf ein gefettetes Blech setzen und zugedeckt bei Zimmertemperatur auftauen und gehen lassen.
Fertig gebackenes Brot Völlig auskühlen lassen, dann fest in Folie einwickeln. Die meisten Brotsorten können 4–6 Monate eingefroren werden, aber bei besonders scharf und knusprig gebackenen Broten und Brötchen, zum Beispiel bei Stangenbrot, blättert die Kruste schon nach 2–3 Tagen ab.
Frische Hefe Sie kann in gebrauchsfertigen Portionen, zum Beispiel zu je 25 g, eingefroren werden. Wenn man sie in gefrorenem Zustand reibt, kann sie sofort verwendet werden, ansonsten taut man sie 30 Minuten bei Zimmertemperatur auf. Da Hefe beim Einfrieren etwas an Triebkraft verliert, gibt man zur vorgegebenen Hefemenge die Hälfte zu. Hefe hält sich eingefroren bis zu 6 Monaten.

Tip Täglich frisches Brot
Frischgebackenes Brot in Scheiben schneiden, einzeln in Folie einwickeln und schockgefrieren. Jeweils die gewünschte Zahl Scheiben entnehmen. Sie tauen bei Zimmertemperatur rasch auf oder können noch gefroren getoastet werden.

Vollkornzopf

Ergibt 1 Brot von 900 g
Je Brot: 2345 Kal/9849 Joule,
43 g Fett, 76 g Ballaststoffe

1 TL Zucker
425 ml warmes Wasser (s. Seite 110)
1 EL Trockenhefe
550 g Weizen-Vollkornmehl
1 TL Salz
3 EL Weizenkleie
25 g Margarine
Milch zum Bestreichen
1 TL Mohn oder Sesam
(nach Belieben)

Zucker in einem Drittel des warmen Wassers auflösen. Hefe einstreuen, gut umrühren und 10–15 Minuten an einen warmen Ort stellen, bis sich Blasen bilden.
Mehl mit dem Salz vermischen, Kleie einrühren und Margarine unterreiben. In die Mitte eine Mulde drücken, Hefemischung und restliches Wasser hineingießen. Einen festen Teig kneten, der sich vom Schüsselrand löst.
Auf einer leicht bemehlten Fläche etwa 10 Minuten kneten, bis der Teig glatt und elastisch ist. Zugedeckt an einen warmen Ort stellen, bis der Teig sein Volumen verdoppelt hat. Herausnehmen und noch 3–4 Minuten leicht durchkneten.
Backofen auf 220° C vorheizen. Backblech fetten und an einen warmen Ort stellen.
Teig in 3 Stücke teilen und zu einem Zopf verarbeiten (s. Seite 112). Mit Milch bestreichen und nach Belieben mit Mohn oder Sesam bestreuen. Auf das Blech legen.
25 Minuten backen, dann die Temperatur auf 190° C herunterschalten und noch 15–20 Minuten backen, bis das Brot hohl klingt, wenn man gegen die Unterseite klopft.

Schnelles Vollkornbrot

Ergibt 2 Brote von 800 g
Je Brot: 2240 Kal/9406 Joule,
57 g Fett, 54 g Ballaststoffe

1 kg Weizen-Vollkornmehl
1 EL Salz
40 g frische Hefe
700 ml Buttermilch
2 EL Sonnenblumenöl
50 g Sesam
50 g Sonnenblumenkerne
50 g Leinsamen
Wasser zum Bestreichen

Backofen auf 220° C vorheizen. Backblech mit Backtrennpapier auslegen. Mehl, Salz, die in etwas lauwarmem Wasser aufgelöste Hefe, Buttermilch und Öl in eine große Schüssel geben und vermischen. Sesam, Sonnenblumenkerne und Leinsamen miteinander mischen (einige zum Bestreuen zurückbehalten) und ebenfalls in die Schüssel geben. Mit den Knethaken des Handrührgerätes alles zu einem mittelfesten Teig arbeiten. Mit einem Tuch abdecken, an einen warmen Ort stellen und gehen lassen, bis der Teig sein Volumen verdoppelt hat. Dann den Teig sorgfältig und ausdauernd von Hand kneten, 2 Laibe formen, auf das Blech setzen, mit Wasser bestreichen, mit den restlichen Körnern bestreuen und 60–70 Minuten backen.

Roggenring

Foto gegenüber

Ergibt 1 Brot von 800 g
Je Brot: 2426 Kal/10 190 Joule,
61 g Fett, 67 g Ballaststoffe

50 g Margarine
250 ml warmes Wasser (s. Seite 110)
25 g frische Hefe
300 g Weizen-Vollkornmehl
300 g Roggenmehl Type 1150
2 TL Salz
1 TL Koriander, gemahlen
2 EL frische Kräuter (z. B. Majoran, Petersilie, Thymian), gehackt
1 EL Mohn

Margarine und Wasser in einem Topf langsam erwärmen, bis die Margarine geschmolzen ist. In einer kleinen Schüssel die Hefe in ein wenig von der erwärmten Flüssigkeit auflösen. 15 Minuten an einem warmen Ort ruhen lassen, bis sie Blasen wirft.
Mehl, Salz, Koriander und Kräuter vermischen. In die Mitte eine Mulde drükken, die Hefe und die restliche Flüssigkeit hineingießen. Zu einem festen Teig verarbeiten.
Auf einer leicht bemehlten Fläche etwa 10 Minuten kneten, bis der Teig glatt ist. Zugedeckt an einem warmen Ort ruhen lassen, bis der Teig sein Volumen verdoppelt hat.
Backblech fetten und warm stellen.
Teig leicht durchkneten und zu einer langen Rolle formen. Zu einem Ring drehen, die beiden Enden fest zusammendrücken, damit sie sich gut verbinden. Auf das Blech legen und zugedeckt an einem warmen Ort noch etwa 30 Minuten gehen lassen.
Backofen auf 220° C vorheizen.
Ring mit Mohn bestreuen und an der Oberfläche ringsum leicht einkerben.
30–35 Minuten backen, bis der Teig fest und schön aufgegangen ist.

Roggenbrötchen

Foto gegenüber

Ergibt 4 große Brötchen
Je Brötchen: 660 Kal/2772 Joule,
7 g Fett, 21 g Ballaststoffe

275 ml warme Milch-Wasser-Mischung (s. Seite 110)
1 TL Zucker
15 g Trockenhefe
375 g Roggenmehl Type 1150
375 g Weizen-Vollkornmehl
1 TL Salz

Die Hälfte der Flüssigkeit in eine kleine Schüssel gießen, Zucker darin auflösen und Hefe einstreuen. 10–15 Minuten an einem warmen Ort ruhen lassen, bis sich Blasen bilden.
Mehl mit Salz vermischen, in die Mitte eine Mulde drücken. Hefemischung und restliche Flüssigkeit hineingießen, alles zu einem Teig verarbeiten. Auf einer leicht bemehlten Fläche etwa 10 Minuten kneten, bis der Teig glatt ist. Zugedeckt warm stellen, bis er sich verdoppelt hat.
Backblech fetten und warm stellen.
Teig noch 3–4 Minuten leicht durchkneten und in 4 Stücke teilen. Jedes Stück auf einem leicht bemehlten Brett zur Kugel rollen, flachdrücken und auf das Blech setzen. Zugedeckt an einem warmen Ort 30 Minuten gehen lassen.
Backofen auf 230° C vorheizen.
Brötchen mit etwas Roggenmehl bestreuen. 15–20 Minuten backen, bis sie knusprig sind (sie gehen nicht stark auf).

Roggenbrötchen (oben und links), Roggenring (rechts).

Weizenschrotbrot

Ergibt 1 Brot von 700 g
Je Brot: 1629 Kal/6842 Joule,
25 g Fett, 43 g Ballaststoffe

1 TL Zucker
275 ml warmes Wasser (s. Seite 110)
15 g Trockenhefe
350 g Weizen-Vollkornmehl
100 g Weizenschrot
1 TL Salz
15 g Margarine
Milch und Wasser zum Bestreichen
etwas Weizenschrot zusätzlich

Zucker in der Hälfte des Wassers auflösen und die Hefe einstreuen. 10–15 Minuten an einen warmen Ort stellen, bis sich Blasen bilden.
Mehl, Weizenschrot und Salz vermischen, Margarine unterreiben. In die Mitte eine Mulde drücken, die Hefemischung und das restliche Wasser hineingießen. Zu einem festen Teig verarbeiten, der sich von der Schüssel löst.
Auf einer leicht bemehlten Fläche 10 Minuten kneten, bis der Teig glatt ist. Zugedeckt an einen warmen Ort stellen, bis der Teig sein Volumen verdoppelt hat.
Backofen auf 230° C vorheizen. Backblech fetten und warm stellen.
Teig 3–4 Minuten durchkneten und zu einem großen, runden Laib formen. Auf das Blech legen und zugedeckt an einem warmen Ort ruhen lassen, bis der Teig um das Doppelte aufgegangen ist.
Auf der Oberfläche strahlenförmig 8mal mit dem Messer einschneiden. Laib mit Milch und Wasser bestreichen und mit Weizenschrot bestreuen. 35–40 Minuten backen, bis das Brot hohl klingt, wenn man von unten gegen die Form klopft.

Haferzopf

Ergibt 1 Brot von 1,1 kg
Je Brot: 1755 Kal/7371 Joule,
32 g Fett, 41 g Ballaststoffe

1 TL Zucker
150 ml warmes Wasser (s. Seite 110)
2 TL Trockenhefe
275 g Weizen-Vollkornmehl
175 g Haferflocken
2 TL Salz
1 TL Pflanzenöl
etwa 150 ml warme Milch
Milch zum Bestreichen
Haferflocken zum Bestreuen

Zucker im Wasser auflösen, dann die Hefe einstreuen. 10–15 Minuten an einen warmen Ort stellen, bis sich Blasen bilden.
Mehl, Haferflocken und Salz vermischen, in die Mitte eine Mulde drücken und die Hefemischung und das Öl hineingießen. Gut umrühren, dann nach und nach gerade so viel Milch zugießen, daß ein weicher, aber nicht klebriger Teig entsteht.
Teig auf einer leicht bemehlten Fläche etwa 10 Minuten durchkneten, bis er glatt und elastisch ist. Zugedeckt an einem warmen Ort ruhen lassen, bis sich der Teig verdoppelt hat.
Backofen auf 200° C vorheizen. Backblech fetten und warm stellen.
Teig auf einer leicht bemehlten Fläche noch etwa 5 Minuten durchkneten. In 3 Stücke teilen und zu einem Zopf formen (s. Seite 112). Auf das Backblech legen und zugedeckt an einen warmen Ort stellen, bis sich der Teig verdoppelt hat. Mit Milch bestreichen und mit einigen Haferflocken bestreuen. Brot etwa 30 Minuten backen, bis es hohl klingt, wenn man von unten dagegenklopft.

Sauerteigansatz

Dauert 2 Tage.

1 EL Milch
2 EL Wasser
1 EL warmes Wasser (s. Seite 110)
1 TL Zucker
½ TL Trockenhefe
1 TL Salz
50 g Roggenmehl Type 1150

Milch und 2 EL Wasser in einen kleinen Topf geben. Aufkochen lassen, dann von der Kochplatte nehmen. 1 EL warmes Wasser in eine kleine Schüssel geben, Zucker unter Rühren darin auflösen, dann die Hefe einstreuen. An einen warmen Ort stellen, bis sich Blasen bilden. Mit der Milch-Wasser-Mischung verrühren, Salz einrühren. Mehl in eine Schüssel geben, die Flüssigkeit auf einmal zugeben und gut umrühren. Zugedeckt 1 Tag an einem warmen Ort ruhen lassen.

Sauerteigbrötchen

Ergibt 18 Stück
Je Brötchen: 100 Kal/420 Joule,
1 g Fett, 6 g Ballaststoffe

Einen Tag vor dem Backen beginnen.

1 Rezept Sauerteigansatz (s. oben)
450 g Roggenmehl Type 1150
15 g frische Hefe
450 ml warmes Wasser (s. Seite 110)
1 TL Salz
Milch zum Bestreichen
1 EL Mohn

Die Hälfte des Mehls in eine Schüssel geben. Hefe in 2 EL warmem Wasser auflösen. Restliches Wasser zugießen und gut vermischen. Hefemischung und Sauerteigansatz zum Mehl gießen und das Ganze glattkneten. Zugedeckt an einem warmen Ort über Nacht ruhen lassen.

Restliches Mehl mit dem Salz vermischen und auf den Teig streuen. So lange kneten, bis das ganze Mehl eingearbeitet und der Teig glatt ist.
Backofen auf 230° C vorheizen. Backblech fetten und warm stellen.
Teig in 18 Stücke teilen und zu Brötchen formen. Auf das Blech setzen, mit Milch bestreichen und oben kreuzweise einschneiden. Mit Mohn bestreuen. An einem warmen Ort ruhen lassen, bis sich der Teig verdoppelt hat.
Etwa 20 Minuten backen, bis die Brötchen knusprig und schön aufgegangen sind.

Vollkornbrot mit Natron

Ergibt 2 Brote von je 300 g
Je Brot: 885 Kal/3717 Joule,
10 g Fett, 24 g Ballaststoffe

500 g Weizen-Vollkornmehl
2 TL Salz
1 TL Natron
275 ml Milch
1 TL Zitronensaft
etwa 2 EL warmes Wasser

Backofen auf 220° C vorheizen. Backblech mit Mehl bestreuen.
Mehl mit Salz und Natron durchsieben, im Sieb zurückbleibende Kleie wieder zufügen. Milch und Zitronensaft vermischen, unter das Mehl rühren und alles zu einem festen Teig verarbeiten, falls nötig, etwas warmes Wasser zugeben.
Teig halbieren und 2 runde Laibe formen, auf das Blech legen. Über jeden Laib eine umgedrehte hohe Kuchenform stülpen und das Brot auf der höchstmöglichen Schiene 30 Minuten backen. Formen abnehmen und noch etwa 15 Minuten weiterbacken, bis das Brot fest ist.
Ofenwarm servieren und möglichst noch am selben Tag verbrauchen.

Kürbis-Gewürzbrot

Ergibt 1 Brot von 450 g
Je Brot: 1145 Kal/4810 Joule,
38 g Fett, 27 g Ballaststoffe

225 g Kürbis, geschält und gewürfelt (oder 175 ml Kürbis aus dem Glas, abgetropft)
25 g Margarine
½ TL Zimt
½ TL Ingwerpulver
Prise Muskat
1 TL Zucker
1 EL warmes Wasser (s. Seite 110)
1 Ei, verquirlt
15 g Trockenhefe
225 g Weizen-Vollkornmehl
2 TL Salz
Milch zum Bestreichen
1 EL Sesam

Kürbis 20–25 Minuten dünsten, bis er weich ist. Gründlich zerdrücken, in die noch heiße Masse die Margarine und die Gewürze einrühren. Abkühlen lassen.
Zucker, Wasser und Ei in einer kleinen Schüssel verschlagen, Hefe einstreuen und 10–15 Minuten zugedeckt an einen warmen Ort stellen, bis sich Blasen bilden.
Mehl und Salz in einer großen Schüssel mischen, in die Mitte eine Mulde drükken. Hefemischung und pürierten Kürbis hineingeben (falls Kürbis aus dem Glas verwendet wird, nun auch die Margarine und die Gewürze zufügen). Alles gut verrühren, dann 5 Minuten kneten, bis der Teig glatt ist und sich von der Schüssel löst. Zugedeckt an einen warmen Ort stellen, bis sich der Teig verdoppelt hat.
Backofen auf 200° C vorheizen. Backblech fetten und warm stellen.
Teig noch 3–4 Minuten leicht durchkneten. Zu einem runden Laib formen und auf das vorbereitete Blech setzen. Zugedeckt an einem warmen Ort ruhen lassen, bis sich der Teig verdoppelt hat.
30 Minuten backen. Aus dem Ofen nehmen, mit Milch bestreichen und mit Sesam bestreuen. Noch 10 Minuten bakken, bis das Brot fest und die Kruste knusprig ist.

Serviervorschlag
Kürbis-Gewürzbrot in Scheiben schneiden und, mit fettarmem Frischkäse bestrichen, servieren. Oder lauwarm zu einem Dessert oder Obstsalat aus frischen Früchten reichen.

Buttermilchbrot

Ergibt 1 Brot von 900 g
Je Brot: 2700 Kal/11 340 Joule,
114 g Fett, 25 g Ballaststoffe

350 g Weizenmehl, Type 1050
1 TL Salz
2 TL Senfpulver
Prise Cayennepfeffer
100 g Margarine
75 g Edamer, gerieben
275 ml Buttermilch
1 Ei
1 TL Fenchelsamen (nach Belieben), leicht zerstoßen

Backofen auf 190° C vorheizen. Kastenform mit gefetteter Folie auskleiden. Mehl mit Salz, Senfpulver und Cayennepfeffer durchsieben, im Sieb verbliebene Kleie wieder zufügen. Margarine, Käse, Buttermilch und Ei unter die Mehlmischung schlagen, in 1–2 Minuten den Teig ganz glattschlagen. In die Form geben, Oberfläche glattstreichen und nach Belieben mit den Fenchelsamen bestreuen. 45 Minuten backen, bis das Brot elastisch ist.

Serviervorschlag
Ofenwarm zu Suppe oder zu Käse und rohem Stangensellerie reichen.

Weizenkeimbrot

Ergibt 1 Brot von 900 g
Je Brot: 3360 Kal/14 312 Joule,
53 g Fett, 51 g Ballaststoffe

25 g Margarine
275 ml Milch (oder Milch mit Wasser)
1 Ei
50 g Weizenkeime
2 EL Weizenschrot
40 g brauner Zucker
50 g Weizenmehl, Type 1050
175 g Weizen-Vollkornmehl
1 EL Backpulver
½ TL Natron
1 EL Salz

Backofen auf 180° C vorheizen. Große Kastenform mit gefetteter Folie auskleiden.
Margarine in der Milch langsam erwärmen und auflösen. Von der Kochplatte nehmen, Ei, Keime, Schrot und Zucker unterschlagen. Abkühlen lassen.
Mehl mit Backpulver, Natron und Salz durchsieben, im Sieb verbliebene Kleie wieder zufügen. In die Mitte eine Mulde drücken und die Milchmischung einrühren. Teig in die Form geben und glattstreichen, mit etwas Vollkornmehl bestäuben und 45–50 Minuten backen.

Serviervorschlag
Dieses Brot schmeckt köstlich, ofenwarm serviert, zu Käse, rohem Stangensellerie, Radieschen und anderen knakkigen Gemüsesalaten.

Kartoffelbrot

Ergibt 2 Brote von je 450 g
Je Brot: 1300 Kal/5460 Joule,
18 g Fett, 35 g Ballaststoffe

225 g Kartoffeln
½ TL Zucker
25 g Margarine
25 g frische Hefe
700 g Weizen-Vollkornmehl
2 TL Salz

Kartoffeln kochen, abgießen und dabei das Wasser auffangen. Zu einem glatten Püree zerdrücken oder durch ein Sieb pressen. Zucker, Margarine und 275 ml des heißen Kartoffelwassers in den Kartoffelteig einrühren. Gut vermischen und abkühlen lassen. Hefe einbröckeln, gut umrühren und an einem warmen Ort 10 Minuten gehen lassen, bis sich Blasen bilden.
Nach und nach das Mehl und das Salz untermischen und alles zu einem weichen Teig verrühren, der sich von der Schüssel löst. Etwa 10 Minuten durchkneten, bis der Teig glatt und elastisch ist. Zugedeckt an einen warmen Ort stellen, bis sich der Teig verdoppelt hat.
Backofen auf 230° C vorheizen. 2 Kastenformen fetten und warm stellen.
Teig noch einmal kneten. 2 Brote formen und in die Kastenformen setzen (s. Seite 110), zugedeckt an einem warmen Ort ruhen lassen, bis sich der Teig verdoppelt hat.
15 Minuten backen, dann die Temperatur auf 190° C herunterschalten und noch 45 Minuten backen, bis die Brote hohl klingen, wenn man von unten dagegenklopft.

Serviervorschlag
Das Brot schmeckt sehr gut zu Käse und knackigem, süßsauer eingelegtem Gemüse oder zu kaltem Fleisch und Chutney.

Zwiebel-Tomatenbrot

Ergibt 2 Brote von je 450 g
Je Brot: 560 Kal/2352 Joule,
18 g Fett, 10 g Ballaststoffe

225 g Weizenmehl, Type 1050
½ TL Salz
frisch gemahlener schwarzer Pfeffer
½ TL Senfpulver
25 g Margarine
1 EL Zwiebel, fein gerieben
2 mittelgroße Tomaten, gehäutet, entkernt und gewürfelt
1 EL Petersilie, gehackt
1 Ei
150 ml Milch

Backofen auf 190° C vorheizen. 2 Kastenformen fetten.
Mehl mit Salz, Pfeffer und Senfpulver durchsieben, im Sieb zurückgebliebene Kleie wieder zufügen. Margarine unterreiben, bis eine feinbröselige Mischung entsteht. Zwiebel, Tomaten und Petersilie untermischen. Ei mit der Milch verquirlen, dazugießen. Alles zu einem zähen Teig verarbeiten und in die Formen füllen.
30–40 Minuten backen, bis die Brote schön aufgegangen und goldbraun sind. Auf einem Kuchengitter abkühlen lassen.

Serviervorschlag
Reichen Sie das Brot zu Suppe, Salat oder Käse.

Honig-Rosinenbrot

Ergibt 1 Brot von 450 g
Je Brot: 1470 Kal/6174 Joule,
18 g Fett, 55 g Ballaststoffe

175 g Weizen-Vollkornmehl
½ TL Salz
1 EL Honig
1 EL dunkler Sirup (Rübensaft)
150 ml Milch
½ TL Natron
50 g Sultaninen
50 g Rosinen

Backofen auf 170° C vorheizen. Kastenform fetten.
Mehl mit dem Salz vermischen, in die Mitte eine Mulde drücken.
Honig und Sirup bei schwacher Hitze in der Hälfte der Milch verflüssigen. Natron in der restlichen Milch auflösen und zur Milch-Honig-Mischung gießen. Die Flüssigkeit zum Mehl gießen, Trockenfrüchte hineinrühren. In die Form füllen.
1½–1¾ Stunden backen. Das Brot ist gar, wenn an einem Hölzchen, das man in die Brotmitte sticht, kein Teig mehr hängen bleibt.

Variation
1 gestrichenen EL Zimt an den Teig geben und statt der Rosinen kleingeschnittene Trockenpflaumen untermischen.
Aus dem Teig eine dicke Rolle formen, gleich große Stücke abteilen, zu Kugeln formen, auf das Blech setzen, etwas flach drücken, mit Honigwasser bestreichen und in ca. 15 Minuten süße Brötchen backen.

Ingwerbrot

Ergibt 1 Brot von 450 g
Je Brot: 1230 Kal/5166 Joule,
37 g Fett, 24 g Ballaststoffe

1 TL Zucker
150 ml warmes Wasser (s. Seite 110)
2 TL Trockenhefe
225 g Weizen-Vollkornmehl
Prise Salz
15 g Margarine
3 EL dunkler Sirup (Rübensaft)
25 g Margarine, zerlassen
2 TL Ingwerpulver
1 EL verflüssigter Honig zum Bestreichen

Zucker im Wasser auflösen, Hefe einstreuen. 10–15 Minuten an einen warmen Ort stellen, bis sich Blasen bilden.
Mehl mit Salz vermischen, 15 g Margarine unterreiben. In die Mitte eine Mulde drücken und die Hefemischung hineingießen, zu einem geschmeidigen Teig verarbeiten, der sich von der Schüssel löst.
Auf einer leicht bemehlten Fläche 10 Minuten durchkneten. Zugedeckt an einem warmen Ort ruhen lassen, bis sich der Teig verdoppelt hat.
Backofen auf 200° C vorheizen. Kastenform fetten und warm stellen.
Sirup, Margarine und Ingwer über den Teig geben und so lange durchkneten, bis der Teig glatt ist und nicht mehr klebt.
In die Kastenform geben und glattstreichen. Zugedeckt an einem warmen Ort gehen lassen, bis der Teig den Rand der Form erreicht hat.
30–35 Minuten backen. Aus dem Ofen nehmen, auf ein Kuchengitter setzen und mit dem verflüssigten Honig bestreichen.

Feigenbrot

Foto Seite 124

Ergibt 1 Brot von 900 g
Je Brot: 1470 Kal/6174 Joule,
18 g Fett, 55 g Ballaststoffe

100 g Weizen- oder Knusperkleie
100 g brauner Zucker
2 EL dunkler Sirup (Rübensaft)
100 g getrocknete Feigen, klein geschnitten
275 ml Milch
100 g Weizenmehl, Type 1050
½ TL Ingwerpulver

Backofen auf 180° C vorheizen. Große Kastenform fetten.
Kleie mit dem Zucker, Sirup und den Feigen etwa 30 Minuten in der Milch einweichen, bis sie ganz aufgesogen ist.
Mehl mit Ingwerpulver vermischen und zur Feigenmischung geben. Alles gut verrühren, in die Form füllen.
45–55 Minuten backen. Das Brot ist gar, wenn an einem in die Mitte eingestochenen Hölzchen nichts mehr hängen bleibt.

Variation
Feigen durch 100 g gewürfelte, getrocknete Aprikosen und Ingwerpulver durch Lebkuchengewürz ersetzen.
Formen Sie den Teig einmal zu kleinen Kugeln, setzen Sie sie aufs Blech, drükken sie etwas flach und backen sie, bis sie goldgelb sind. Das ergibt herzhafte Plätzchen, die zu Kaffee und Tee gereicht werden können.

Früchtekuchen

Foto gegenüber

Ergibt 1 Brot von 900 g
Je Brot: 1819 Kal/7640 Joule,
18 g Fett, 53 g Ballaststoffe

100 g Weizen- oder Knusperkleie
110 g brauner Zucker
100 g Sultaninen
100 g Korinthen
50 g Rosinen
275 ml Milch
100 g Weizenmehl, Type 1050

Backofen auf 180° C vorheizen. Große Kastenform fetten.
Kleie mit dem Zucker, den Trockenfrüchten und der Milch in eine Schüssel geben und etwa 30 Minuten weichen lassen, bis die Milch aufgesogen ist. Dann Mehl unterrühren, die Masse in die Kastenform füllen. Etwa 1 Stunde backen.

Variation
Sie können auch andere Trockenfrüchte verwenden, solange die angegebene Menge eingehalten wird, zum Beispiel kleingeschnittene, entkernte Datteln, gehackte Feigen und Zitronat oder Orangeat. Außerdem können bis zu 50 g gehackte Nüsse zugegeben werden.

Früchtekuchen (oben links), Feigenbrot (oben rechts, s. Seite 123), Kräuterbrot (unten).

Kräuterbrot

Foto gegenüber

Ergibt 1 Brot mit 8 Stücken
Je Stück: 110 Kal/462 Joule,
6 g Fett, 6 g Ballaststoffe

450 g Weizen-Vollkornmehl
1 TL Salz
frisch gemahlener schwarzer Pfeffer
1½ TL Natron
25 g Margarine
2 mittelgroße Zwiebeln, gerieben
1 Knoblauchzehe, zerdrückt
1 TL gemischte, getrocknete Kräuter (nach Geschmack)
1 TL Petersilie, gehackt
200 ml Milch
2 TL Zitronensaft
25 g Käse, gerieben

Backofen auf 200° C vorheizen. Backblech mit Mehl bestreuen.
Mehl mit Salz, Pfeffer und Natron durchsieben, im Sieb verbliebene Kleie wieder zufügen. Margarine unterreiben, bis eine feinbröselige Mischung entsteht. Zwiebeln, Knoblauch und Kräuter unterrühren. Milch mit Zitronensaft verrühren und unter die Teigzutaten mischen, alles zu einem weichen Teig verarbeiten.
Auf einer leicht bemehlten Fläche etwas durchkneten, bis der Teig glatt ist. Zu einem etwa 23 cm großen, runden, flachen Laib formen und auf das Blech legen. Auf der Oberfläche 8 Stücke durch Einritzen markieren. Brot mit Milch bestreichen und mit Käse bestreuen.
30–35 Minuten backen, bis es schön aufgegangen und goldbraun ist.

Serviervorschlag
Brot ofenwarm zu Suppe und Salat als kleines, improvisiertes Mittagessen reichen oder mit Käse und Tomatensalat als leichtes Abendessen servieren.
Frisch schmeckt es am besten.

Walnußkuchen

Ergibt 2 Kuchen von je 450 g
Je Kuchen: 1070 Kal/4494 Joule,
61 g Fett, 15 g Ballaststoffe

75 g Weizenmehl, Type 1050
75 g Weizen-Vollkornmehl
½ TL Zimt
Prise Salz
1 TL Natron
25 g Weizen- oder Knusperkleie
100 g Walnüsse, gehackt
100 g brauner Zucker
4 EL Pflanzenöl
1 TL abgeriebene Orangenschale
1 Ei
150 ml fettarmer Joghurt

Backofen auf 190° C vorheizen. 2 Kastenformen fetten.
Mehl mit Zimt, Salz und Natron durchsieben, im Sieb verbliebene Kleie wieder zufügen. Kleie und gehackte Nüsse unterrühren.
Zucker, Öl, Orangenschale, Ei und Joghurt miteinander verschlagen. Unter die Mehlmischung rühren. Teig in die Kastenformen füllen, 1 Stunde backen. Der Kuchen ist gar, wenn an einem in die Mitte eingestochenen Holzstäbchen nichts mehr hängenbleibt. Vor dem Herausnehmen in den Formen kurz abkühlen lassen, dann auf ein Kuchengitter legen.

Bananen-Rosinenkuchen

Ergibt 2 Kuchen von je 450 g
Je Kuchen: 1130 Kal/4746 Joule,
38 g Fett, 12 g Ballaststoffe

150 g Weizenmehl, Type 1050
75 g Weizen-Vollkornmehl
1 TL Backpulver
Prise Salz
1 TL Zimt
150 g brauner Zucker
3 Bananen, zerdrückt
75 g Margarine, zerlassen
100 g Rosinen
2 Eier, verquirlt

Backofen auf 180° C vorheizen. 2 Kastenformen fetten.
Mehl mit Backpulver, Salz und Zimt durchsieben, im Sieb zurückgebliebene Kleie wieder zufügen. Zucker zugeben. Bananen, Margarine, Rosinen und Eier zufügen und alles 3 Minuten durchschlagen, bis der Teig glatt ist. In die Kastenformen füllen und 50–60 Minuten backen. Der Kuchen ist gar, wenn an einem in die Kuchenmitte gestochenen Holzstäbchen nichts mehr hängenbleibt. Kuchen in den Formen auf einem Kuchengitter kurz abkühlen lassen, dann herausnehmen.

Serviervorschläge
Dieser Teekuchen schmeckt noch intensiver, wenn man ihn fest in Folie einwikkelt und 2–3 Tage durchziehen läßt. Schneiden Sie ihn in dünne Scheiben und bestreichen Sie sie mit fettarmem Frischkäse. Oder belegen Sie sie mit dünnen Apfelscheiben oder mit zerdrückten Bananen und klappen Sie die Scheiben wie Sandwiches zusammen.

Variation
125 g Magerquark, 125 ml Milch, statt Zucker flüssigen Honig zum Teig geben und in einer Gugelhupfform backen.

Früchtebrötchen

Ergibt 12 Stück
Je Brötchen: 190 Kal/798 Joule,
5 g Fett, 4 g Ballaststoffe

275 ml warme Milch-Wasser-Mischung (s. Seite 110), etwas mehr zum Verstreichen
65 g Zucker
15 g Trockenhefe
450 g Weizen-Vollkornmehl
1 TL Salz
1 TL Nelkenpfeffer
½ TL Muskat
50 g Zitronat und Orangeat, fein gehackt
50 g Korinthen
50 g Margarine, zerlassen
1 Ei, verquirlt

Milch-Wasser-Mischung in eine kleine Schüssel gießen, 1 TL Zucker einrühren, die Hefe und 100 g Mehl einstreuen. An einem warmen Ort etwa 30 Minuten ruhen lassen.
Restliches Mehl mit Salz, Gewürzen, Zucker (1 TL zurückbehalten) und Trockenfrüchten vermischen. Margarine und Ei in die Hefemischung rühren, über das Mehl gießen, gut durchrühren, bis sich der Teig von der Schüssel löst. Auf einer leicht bemehlten Fläche etwa 10 Minuten durchkneten, bis der Teig glatt und elastisch ist. Zugedeckt an einem warmen Ort gehen lassen, bis sich der Teig verdoppelt hat. Noch einmal 3–4 Minuten durchkneten.
Backofen auf 190° C vorheizen. Backblech fetten und warm stellen.
Teig in 12 Stücke teilen, zu Kugeln formen und in großen Abständen auf das Blech setzen. Zugedeckt an einem warmen Ort ruhen lassen, bis sich der Teig verdoppelt hat.
15–20 Minuten backen. Restlichen Zucker in etwas warmer Milch-Wasser-Mischung auflösen und die heißen Brötchen damit bestreichen.

Gewürzhäufchen

Ergibt etwa 12 Stück
Je Gewürzhäufchen: 165 Kal/693 Joule,
7 g Fett, 2 g Ballaststoffe

225 g Weizenmehl, Type 1050
Prise Salz
1 TL Nelkenpfeffer
100 g Margarine
75 g brauner Zucker
50 g Rosinen
50 g entkernte Datteln, fein gewürfelt
1 Ei, verquirlt
etwa 1 TL Milch

Backofen auf 200° C vorheizen. Backblech leicht fetten.
Mehl mit Salz und Gewürz durchsieben, im Sieb verbliebene Kleie wieder zufügen. Margarine unterreiben, so daß eine feinbröselige Mischung entsteht. Zukker, Rosinen und Datteln unterrühren. Ei mit Milch verschlagen und über die Mehlmischung gießen, alles zu einem festen Teig verarbeiten. Gegebenenfalls noch etwas mehr Milch zufügen.
Mit einem Teelöffel Teighäufchen in großen Abständen auf das Blech setzen. Auf der oberen Schiene etwa 15 Minuten backen, bis die Gewürzhäufchen schön aufgegangen und fest sind. Auf einem Kuchengitter auskühlen lassen.

Rosinen-Haselnuß-häufchen

Foto gegenüber

Ergibt 12 Stück
Je Häufchen: 105 Kal/441 Joule,
5 g Fett, 2 g Ballaststoffe

100 g Weizenmehl, Type 1050
½ TL Salz
50 g Zucker
50 g Margarine
50 g Rosinen
50 g Weizen- oder Knusperkleie
50 g Haselnüsse, gehackt
1 Ei, verquirlt
etwa 5 EL Milch

Backofen auf 200° C vorheizen. 12 tiefe Törtchenformen oder Backförmchen aus Papier fetten.
Mehl mit Salz und Zucker vermischen. Margarine unterreiben, bis eine feinbröselige Mischung entsteht. Rosinen, Kleie und Haselnüsse zugeben. Ei und so viel Milch unterschlagen, daß ein weicher, geschmeidiger Teig entsteht. In die Formen füllen, auf ein Backblech setzen und 12–15 Minuten backen, bis die Häufchen schön aufgegangen und elastisch sind.
Vor dem Herausnehmen kurz in den Förmchen abkühlen lassen. Noch ofenwarm, jedenfalls aber backfrisch servieren.

Teegebäck

Muffins
Foto gegenüber

Ergibt 18 Stück
Je Stück: 122 Kal/513 Joule,
2 g Fett, 2 g Ballaststoffe

250 g Weizen-Vollkornmehl
175 g Weizenmehl, Type 405
1 TL Backpulver
½ TL Salz
100 g brauner Zucker
1 TL Natron
415 ml Milch
25 g Margarine
2 EL Honig

Backofen auf 220° C vorheizen. 18 tiefe Törtchenformen oder Muffinformen fetten.
Mehl mit Backpulver und Salz durchsieben, im Sieb verbleibende Kleie wieder zufügen. Zucker dazugeben, in die Mitte eine Mulde drücken. Natron in der Milch auflösen. Margarine und Honig bei schwacher Hitze auflösen, zur Milch geben, gut verrühren, über das Mehl gießen und alles zu einem glatten Teig verarbeiten. In die Förmchen füllen und 15–20 Minuten backen, bis sich der Teig elastisch anfühlt.
Vor dem Herausnehmen kurz in den Förmchen abkühlen lassen.

Serviervorschlag
Teegebäck leicht getoastet mit dickem Fruchtpüree und fettarmem Frischkäse servieren.

Rosinen-Haselnußhäufchen (oben), Teegebäck (unten).

Kartoffelplätzchen

Ergibt etwa 36 Stück
Je Plätzchen: 40 Kal/168 Joule,
2 g Fett, 0,5 g Ballaststoffe

100 g Weizen-Vollkornmehl
1 TL Salz
100 g Haferflocken
75 g Margarine
100 g Kartoffeln, gekocht und püriert, abgekühlt

Backofen auf 170° C vorheizen. Backblech mit Mehl bestreuen.
Mehl mit Salz vermischen, Haferflocken unterrühren. Margarine unterreiben und pürierte Kartoffeln zugeben. Teig durchkneten, bis er fest und glatt ist. Auf einer leicht bemehlten Fläche etwa 3 mm dick ausrollen, 7,5 cm große, runde Plätzchen ausstechen. Auf das Blech legen und 15–20 Minuten backen, bis sie knusprig, aber nicht gebräunt sind. Auf einem Kuchengitter auskühlen lassen.

Serviervorschlag
Diese Plätzchen schmecken ausgezeichnet zu Käse und zu Suppe. Reichen Sie sie anstelle von Brot.

Ingwerstreifen
Foto Seite 133

Ergibt etwa 36 Stück
Je Ingwerstreifen: 75 Kal/315 Joule,
4 g Fett, 0,5 g Ballaststoffe

175 g Weizen-Vollkornmehl
½ TL Natron
1 TL Weinstein
1 TL Ingwerpulver
Prise Muskat
50 g Haferflocken
175 g Margarine
100 g brauner Zucker

Backofen auf 170° C vorheizen. Tiefes Backblech fetten.
Mehl mit Natron, Weinstein und Gewürzen durchsieben, im Sieb verbliebene Kleie wieder zufügen. Haferflocken dazumischen und Margarine unterreiben. Zucker unterrühren. Teigmischung auf dem Backblech ausrollen.
30 Minuten backen.
In Streifen schneiden und auf einem Kuchengitter auskühlen lassen.

Hafertaler
Foto Seite 132

Ergibt etwa 16 Stück
Je Hafertaler: 115 Kal/483 Joule,
2 g Fett, 2 g Ballaststoffe

225 g Weizen-Vollkornmehl
225 g mittelfeines Hafermehl
50 g brauner Zucker
50 g Margarine
50 g heller Sirup
etwas Milch

Backofen auf 180° C vorheizen. Backblech fetten.
Mehl, Hafermehl und Zucker vermischen, Margarine unterreiben. Sirup in einem kleinen Topf verflüssigen, kurz abkühlen lassen und über die Mehlmischung gießen. Gerade so viel Milch zugeben, daß ein fester Teig entsteht.
Auf einer leicht bemehlten Fläche glattkneten. 6 mm dick ausrollen, 6 cm große, runde Plätzchen ausstechen. Auf das Backblech legen und mit einer Gabel gut einstechen. 20 Minuten backen.
Kurz abkühlen lassen, dann auf ein Kuchengitter legen. Die ausgekühlten Hafertaler in einer luftdicht verschlossenen Dose aufbewahren.

Kokosplätzchen
Foto Seite 133

Ergibt etwa 20 Stück
Je Plätzchen: 110 Kal/462 Joule, 6 g Fett, 2 g Ballaststoffe

100 g Margarine
100 g brauner Zucker
1 Ei
225 g Weizen-Vollkornmehl
1 TL Backpulver
abgeriebene Schale von 1 Zitrone
50 g Kokosflocken

Backofen auf 180° C vorheizen. Backblech fetten.
Margarine und Zucker schaumig rühren. Ei unterschlagen. Mehl mit Backpulver durchsieben, im Sieb zurückgebliebene Kleie wieder zufügen. Zitronenschale und Kokosflocken unter das Mehl mischen. Nach und nach die Mehlmischung in das Fett einrühren, durchschlagen, bis ein fester Teig entsteht.
6 mm dick ausrollen und in 6 cm große, runde Plätzchen ausstechen (oder unterschiedlich geformte Ausstecher verwenden). Auf das Blech legen. Etwa 15 Minuten backen, bis die Plätzchen goldbraun sind.
Kurz abkühlen lassen, dann auf ein Kuchengitter legen. Wenn die Plätzchen völlig ausgekühlt sind, in einer luftdicht verschlossenen Dose aufbewahren.

Tip Verwenden Sie einmal statt der Zitronenschale abgeriebene Orangenschale.

Weizenschrot-Mandel-Makronen

Ergibt etwa 50 Stück
Je Makrone: 44 Kal/185 Joule, 2 g Fett, 0,3 g Ballaststoffe

125 g Weizen-Vollkornschrot
¼ l Milch, lauwarm
150 g brauner Zucker
½ Vanilleschote, Mark ausgeschabt
100 g Mandeln, gehackt
1 EL Zitronensaft
50 g Margarine, zerlassen
2 EL Weizenkeime
2 Eiweiß
Backoblaten

Weizenschrot etwa 3 Stunden in der Milch weichen und quellen lassen, abtropfen lassen, besser noch ausdrücken, damit keine Flüssigkeit verbleibt.
Zucker, Vanillemark, Mandeln, Zitronensaft, Margarine und Weizenkeime miteinander vermischen, Schrot dazugeben und alles zu einem gleichmäßigen Teig verarbeiten. Eiweiß zu sehr steifem Schnee schlagen (Messerschnitt muß sichtbar bleiben) und vorsichtig unterheben.
Backofen auf 150° C vorheizen.
Mit zwei Teelöffeln Häufchen auf die Oblaten setzen, in etwa 15–20 Minuten goldgelb backen, auf Kuchengitter auskühlen lassen.

Tip Halbieren Sie die Oblaten und legen Sie sie mit der glatten Seite aufs Blech.

Nächste Seiten: Hafertaler (links), Kokosplätzchen (Mitte), Ingwerstreifen (rechts).

Nachspeisen

Ehrlich gesagt – dieses Kapitel ist eigentlich überflüssig. Denn der gesündeste Abschluß einer Mahlzeit besteht aus frischem, gut gekühltem Obst.
Manchmal jedoch möchte man etwas Heißes auf den Tisch bringen oder seine Gäste mit einem liebevoll zubereiteten Dessert überraschen.
Stellen Sie die Früchte der Jahreszeit immer wieder anders zusammen – dies sorgt für Abwechslung. Außer dem zueinander passenden Geschmack sollten auch Aussehen und Beschaffenheit des Obstes bei der Auswahl eine Rolle spielen. Obst sollten Sie möglichst nicht schälen, egal ob es roh gegessen oder in Fruchtsalaten oder anderen Gerichten verwendet wird.
Bereiten Sie Fruchtsalat mit säuerlich-pikanten Marinaden aus ungesüßtem Fruchtsaft zu: Apfel-, Ananas- oder Orangensaft, mit einem Spritzer Zitronensaft abgeschmeckt. Der frische Fruchtgeschmack braucht nicht durch Zuckerzusätze übertönt zu werden, Obst enthält eigenen, natürlichen Fruchtzucker.
Meiden Sie raffinierten, weißen Zucker, ersetzen Sie ihn durch die feuchten braunen Zuckersorten. Schon kleine Mengen haben große Süßkraft, und das ist gut so, denn auch nicht raffinierter Zucker ist eine Kalorienbombe. Mit Datteln, einer der süßesten Fruchtsorten überhaupt, läßt sich die Säure mancher Früchte, wie zum Beispiel Kochäpfel, abmildern. Sie können in Obstkuchen und Puddings den Zucker ersetzen und den Gehalt an Ballaststoffen erhöhen.
Reichen Sie anstelle von Sahne fettarmen Joghurt oder Frischkäse, eventuell mit Gewürzen abgeschmeckt. Auch in Desserts kann man auf diese Weise Sahne ersetzen. Wenn irgend möglich, sollten Sie für Mehlspeisen Magermilch und Margarine mit mehrfach ungesättigten Fettsäuren verwenden, um so den Fett- und Cholesteringehalt auf ein Minimum zu beschränken.
Fruchtpüree aus frischem oder getrocknetem Obst, mit fettarmem Joghurt oder mit Frischkäse vermischt, ergibt eine schnell und einfach zubereitete Nachspeise. Stellen Sie sie kalt und bestreuen Sie sie anschließend mit Kleie.
Dicken Sie Fruchtsaft oder -püree mit Vollweizengrieß an und reichen Sie zu dieser kalorienarmen Nachspeise fettarmen Joghurt oder Frischkäse. Auch Fruchtfüllungen für Pies und Flans lassen sich mit Vollweizengrieß andicken.
Bestreuen Sie Obstdesserts mit Weizen- oder Knusperkleie und reichern Sie damit auch Nachspeisen auf Milchbasis an.
Trockenfrüchte sind das ganze Jahr über erhältlich, man kann sie für Pies, Torten, Biskuit- und Streuselkuchen verwenden oder einfach nur dünsten.
Sie brauchen nicht jedesmal, wenn Sie eine Nachspeise auf den Tisch bringen, Schuldgefühle zu entwickeln. Sie sind allerdings angebracht, wenn Sie Desserts mit viel Zucker und Fett zubereiten!

Roter Fruchtsalat

4 Personen
Pro Portion: 145 Kal/609 Joule,
6 g Fett, 7 g Ballaststoffe

275 ml ungesüßter Apfelsaft
Saft von 1 Zitrone
1 EL süßer Wermut
100 g schwarze Johannisbeeren, von den Rispen gestreift
100 g Himbeeren, entstielt
100 g Erdbeeren, entstielt
100 g schwarze Kirschen, entsteint
50 g abgezogene Mandeln, geröstet

Apfelsaft mit Zitronensaft und Wermut mixen. Alle Früchte vermischen, die Saftmischung darübergießen und mindestens 1 Stunde kühl stellen. Kurz vor dem Servieren mit den gerösteten Mandeln bestreuen.

Grüner Fruchtsalat

4 Personen
Pro Portion: 110 Kal/462 Joule,
0 g Fett, 3 g Ballaststoffe

450 g Stachelbeeren, geputzt
8 grüne Pflaumen, halbiert und entsteint
225 g kernlose grüne Trauben
2 grüne Äpfel, entkernt und in dünne Scheiben geschnitten
2 Lorbeerblätter
275 ml ungesüßter Apfelsaft
2 EL Zitronensaft

Früchte und Lorbeerblätter vermischen. Apfelsaft mit dem Zitronensaft mixen und über das Obst gießen. Gut kühlen. Vor dem Servieren die Lorbeerblätter entfernen.

Frischer Fruchtsalat

6 Personen
Pro Portion: 150 Kal/630 Joule,
3 g Fett, 2 g Ballaststoffe

150 ml Weißwein
150 ml Orangensaft
1 EL Zitronensaft
225 g kernlose weiße Trauben
225 g blaue Trauben, entkernt
2 Orangen, filetiert
2 Äpfel, entkernt und in Scheiben geschnitten
2 Bananen, in Scheiben geschnitten
25 g geschälte Paranüsse, halbiert

Wein, Orangen- und Zitronensaft mixen. Das gesamte Obst in eine Schüssel geben, mit dem Saft übergießen und mehrere Stunden kühl stellen. Kurz vor dem Servieren die Nüsse unterrühren.

Orangensalat

4 Personen
Pro Portion: 225 Kal/945 Joule,
1 g Fett, 2 g Ballaststoffe

6 große Orangen, geschält
2 EL brauner Zucker
1/8 l Wasser
50 g Sultaninen, 1 Stunde in Rum oder Orangenlikör eingeweicht

Die Schale von 1 Orange in sehr feine Streifchen schneiden, mit Zucker vermischen. Wasser in Topf geben, Orangenschale zufügen, unter gelegentlichem Umrühren köcheln lassen. Die geschälten Orangen – alles Weiße sorgfältig entfernen – in Scheiben schneiden auf Desserttellern anrichten, mit den Sultaninen bestreuen, die Orangenstreifen und die erkaltete Zuckerlösung darübergeben, gekühlt servieren.

Trauben-Apfelsalat

Foto unten

4 Personen
Pro Portion: 460 Kal/1932 Joule, 0 g Fett, 7 g Ballaststoffe

100 g blaue Trauben, entkernt
100 g kernlose weiße Trauben
4 Äpfel, entkernt, in dünne Scheiben geschnitten
50 g Rosinen
1 EL Zitronensaft
150 ml ungesüßter Ananassaft
150 ml trockener Weißwein

Früchte vermischen. Zitronensaft, Ananassaft und Weißwein mixen. Über das Obst gießen. Gut kühlen.

Tip Nehmen Sie rotschalige Äpfel, das ergibt einen hübschen Kontrast zu den blauen und weißen Trauben.

Unten: Quark-Bananen-Flan mit Ingwer (oben, s. Seite 139), Zitrusschaum (Mitte rechts, s. Seite 138), Trauben-Apfelsalat (unten). Gegenüber: Ananas Romanoff (s. Seite 138).

Zitrusschaum
Foto Seite 136

4 Personen
Pro Portion: 150 Kal/630 Joule,
2 g Fett, 4 g Ballaststoffe

abgeriebene Schale und Saft von
2 Orangen
abgeriebene Schale und Saft von
1 Grapefruit
1 EL Honig
2 TL gemahlene Gelatine
150 ml fettarmer Joghurt
2 Eiweiß, steif geschlagen
6 EL Müsli-Grundmischung (s. Seite 14)

Fruchtsaft mit Wasser zu 275 ml auffüllen. Saft mit der Schale und dem Honig in eine kleine Schüssel geben, Gelatine einstreuen und im Wasserbad erhitzen, bis sich der Honig und die Gelatine aufgelöst haben. Abkühlen lassen.
Joghurt unterschlagen, die Masse stehen lassen, bis sie zu gelieren beginnt. Dann Eischnee unterziehen.
Zitrusschaum und Müsli in Schichten auf 4 Dessertgläser verteilen, mit Müsli abschließen. 1 Stunde im Kühlschrank erstarren lassen.

Ananas Romanoff
Foto Seite 137

4 Personen
Pro Portion: 175 Kal/735 Joule,
kein nennenswerter Fettgehalt,
3 g Ballaststoffe

1 mittelgroße Ananas
abgeriebene Schale und Saft von
1 Zitrone
abgeriebene Schale und Saft von
1 Orange
2 EL Weinbrand
225 g Himbeeren oder Loganbeeren
2 Bananen, in Scheiben geschnitten

Von der Ananas den Deckel abschneiden, Fruchtfleisch vorsichtig herauslösen. Hartes Mittelstück und alle dunklen Stellen wegschneiden, Deckel wegwerfen. Fruchtfleisch in 2,5 cm große Würfel schneiden, mit der Schale und dem Saft der Zitrone und Orange sowie dem Weinbrand in eine Schüssel geben. Zugedeckt mindestens 2 Stunden oder über Nacht kühl stellen.
Beerenfrüchte und Bananen mit den Ananaswürfeln vermengen. Fruchtsalat in die ausgehöhlte Ananas füllen. Gut gekühlt servieren.

Bananasplit mit Beerenmus

4 Personen
Pro Portion: 145 Kal/609 Joule,
kein nennenswerter Fettgehalt,
9 g Ballaststoffe

100 g rote Johannisbeeren oder
Erdbeeren
100 g Himbeeren
2 EL Weizen-Vollkornmehl
4 große Bananen
4 EL fettarmer Joghurt
25 g Walnüsse, gehackt

Beerenfrüchte bei schwacher Hitze in einem kleinen Topf langsam erhitzen. Sobald der Saft austritt, aufkochen, Mehl einstreuen und rühren, bis die Fruchtmischung dick wird. Unter Rühren 2 Minuten köcheln lassen. Von der Kochplatte nehmen und abkühlen lassen.
Bananen schälen, längs halbieren und auf einer Platte anrichten. Beerenmus darübergießen, Joghurt-Tupfer daraufsetzen und das Ganze mit Walnüssen bestreuen.

Vanillecreme

4 Personen
Pro Portion: 190 Kal/798 Joule,
6 g Fett, 2 g Ballaststoffe

275 ml Milch
2 Eier, getrennt
50 g brauner Zucker
einige Tropfen Vanille-Aroma
100 g Vollkornbrösel (s. Tip Seite 27)
2 EL Orangensaft
2 TL gemahlene Gelatine

Milch in einem kleinen Topf erhitzen. Eigelb mit Zucker schaumig schlagen. Die Milch unter ständigem Schlagen zugießen. Die Mischung in den Topf geben und bei schwacher Hitze oder auf dem Wasserbad unter ständigem Rühren dick werden lassen. Oder im Wasserbad köcheln lassen. Vanille-Aroma einrühren, Sauce abkühlen lassen. Brösel unterrühren.
Orangensaft in eine kleine Schüssel gießen, Gelatine einstreuen und im Wasserbad erhitzen, bis sich die Gelatine aufgelöst hat. In die Vanillemilch einrühren.
Eiweiß steif schlagen und unter die Mischung ziehen, sobald diese zu gelieren beginnt. In eine ausgespülte Form füllen und 1½ Stunden kühl stellen. Auf eine Platte stürzen.

Serviervorschlag
Richten Sie rund um die Creme verschiedene frische Früchte an, zum Beispiel Himbeeren, Erdbeeren oder Brombeeren, in Scheiben geschnittene Pfirsiche, mit Zitronensaft beträufelte Aprikosen oder Bananen oder halbierte Pflaumen.

Quark-Bananen-Flan mit Ingwer

Foto Seite 136

8 Personen
Pro Stück: 250 Kal/1050 Joule,
12 g Fett, 3 g Ballaststoffe

Boden
225 g gebackene Hafertaler (s. Seite 130), zerbröckelt
1 TL Ingwerpulver
50 g Margarine, zerlassen

Füllung
225 g fettarmer körniger Frischkäse, durch ein Sieb gestrichen, oder Magerquark
150 ml fettarmer Joghurt
1 EL Honig
3 Bananen, zerdrückt
Saft von ½ Zitrone
2 TL gemahlene Gelatine

Verzierung
2 Stücke eingelegter Ingwer, in Scheiben geschnitten

Für den Boden zerkrümelte Hafertaler mit Ingwer und Margarine mischen. Boden und Rand einer gefetteten Flan- oder Springform mit 25 cm Durchmesser mit der Krümelmischung auskleiden. Kühl stellen.
Für die Füllung Frischkäse oder Quark mit Joghurt, Honig, den zerdrückten Bananen und Zitronensaft verschlagen. Gelatine mit 2 EL Wasser in ein kleines Schälchen geben und im Wasserbad auflösen. Dann in die Bananenmischung einrühren. Auf den Teigboden gießen und erstarren lassen.
Mit Scheibchen von eingelegtem Ingwer verzieren.

Gefüllte Orangen Foto unten

4 Personen
Pro Portion: 170 Kal/714 Joule, 4 g Fett, 4 g Ballaststoffe

4 große Orangen
1 EL Orangenlikör
100 g blaue Trauben, halbiert, entkernt
225 g fettarmer körniger Frischkäse
4 EL Haferflocken, geröstet

Von den Orangen oberes Drittel abschneiden, Fruchtfleisch herauslösen, die ausgehöhlten Schalen beiseite stellen. Fruchtfleisch klein schneiden und mit dem Likör und den Trauben in eine Schüssel geben. Zugedeckt über Nacht kühl stellen.
Frischkäse in eine Schüssel geben, geröstete Haferflocken und Obstmischung unterrühren. Orangenschalen damit füllen, Füllung hoch auftürmen. Gut gekühlt servieren.

Oben: Gefüllte Orangen (links), Gletschercreme (Mitte, s. Seite 142), Sommerpudding (rechts, s. Seite 142).

Gegenüber: Reis-Feigenauflauf (oben, s. Seite 144), Apfelauflauf (Mitte, s. Seite 146), Ländliche Apfel-Pie (unten, s. Seite 145).

Sommerpudding

Foto Seite 140

---

6 Personen
Pro Portion: 160 Kal/672 Joule,
1 g Fett, 15 g Ballaststoffe

---

etwa 10 Scheiben Vollkornbrot ohne Rinde
700 g Beerenfrüchte, zum Beispiel Himbeeren, Erdbeeren, Brombeeren, rote oder schwarze Johannisbeeren
1 Apfel, entkernt und in dünne Scheiben geschnitten
einige blaue Trauben

Schüssel oder Puddingform gut einfetten. 6 Brotscheiben so zurechtschneiden, daß sie den Boden und die Seiten der Form auskleiden, etwas überlappend anordnen. Zwischen den Scheiben dürfen keine Lücken bleiben.
Beerenfrüchte entstielen oder von den Rispen streifen und mit den Apfelscheiben in einen Topf geben. Langsam erhitzen, bis der Saft austritt, dann bei schwacher Hitze köcheln lassen, bis die Früchte weich sind. Von der Kochplatte nehmen.
Saft abseihen und nach und nach die Brotscheiben in der Form damit tränken. Die Hälfte der Früchte in die Form füllen und mit einer Scheibe Brot bedekken. Einige Früchte zur Verzierung zurückbehalten. Restliche Früchte mitsamt dem Saft in die Form geben und mit den zurechtgeschnittenen übrigen Brotscheiben abdecken. Form mit einem Teller oder Unterteller zudecken, der genau in die Form hineinpaßt. Mit einem Gewicht (z. B. einer Konservendose) beschweren, damit der Teller fest auf den Pudding gepreßt wird. Über Nacht kühl stellen.
Mit einem Messer den Pudding vom Formrand lösen, auf eine große Platte stürzen. Dabei leicht schütteln, damit sich der Pudding löst.
Ringsum mit den zurückbehaltenen Früchten und den Trauben verzieren. Zum Servieren in Scheiben schneiden.

Serviervorschlag
Reichen Sie dazu fettarmen Joghurt, mit einer kräftigen Prise Zimt und der abgeriebenen Schale einer Orange schaumig geschlagen.

Gletschercreme

Foto Seite 140

---

4 Personen
Pro Portion: 150 Kal/630 Joule,
4 g Fett, 1 g Ballaststoffe

---

50 g Haferflocken
3 EL Whisky
1 EL Honig
Saft von 1 Zitrone
225 g fettarmer körniger Frischkäse, durch ein Sieb gestrichen, oder Magerquark
150 ml fettarmer Joghurt, gut gekühlt
50 g entkernte Datteln, fein gewürfelt

Haferflocken auf ein Backblech streuen, ausbreiten und unter dem Grill oder bei schwacher Hitze im Backofen leicht rösten. Abkühlen lassen.
Whisky mit Honig und Zitronensaft verrühren. Nach und nach Frischkäse oder Quark und Joghurt unterschlagen. Den größten Teil der Haferflocken und die Datteln untermischen.
Auf 4 hohe Dessertgläser verteilen und mit den restlichen Haferflocken bestreuen. Gut gekühlt servieren.

Apfel-Orangensalat mit Kokosflocken

4 Personen
Pro Portion: 165 Kal/693 Joule,
6 g Fett, 8 g Ballaststoffe

6 Orangen
1 EL Orangenlikör (nach Belieben)
2 Äpfel, entkernt und in dünne Scheiben geschnitten
40 g Kokosflocken, geröstet

Von 1 Orange den Saft auspressen und die Schale abreiben, mit dem Likör (falls verwendet) in eine Schüssel geben. Restliche Orangen schälen und in dünne Scheiben schneiden, Kerne entfernen und mit in die Schüssel geben. Zugedeckt 4–5 Stunden oder über Nacht kühl stellen.
Äpfel unterheben, den Fruchtsalat in einer Schale anrichten und mit den Kokosflocken bestreuen. Sofort servieren.

Dänisches Beerenpüree

8 Personen
Pro Portion: 65 Kal/273 Joule,
3 g Fett, 10 g Ballaststoffe

1 kg rote Johannisbeeren, von den Rispen gestreift
1 kg Himbeeren, entstielt
4 EL Vollweizengrieß
Zucker oder Honig nach Geschmack
2 EL saure Sahne
2 EL abgezogene Mandeln, blättrig geschnitten und geröstet

Früchte in einen Topf geben und bei schwacher Hitze unter Rühren erhitzen, bis der Saft austritt. Köcheln lassen, bis die Früchte weich sind. Im Mixer pürieren oder durch ein Sieb streichen.
Zurück in den ausgespülten Topf geben, Grieß einstreuen und langsam zum Kochen bringen. Bei schwacher Hitze so lange rühren, bis die Grießkörner weich sind und das Püree dick geworden ist. Das dauert etwa 20 Minuten. Abschmecken und gegebenenfalls Zucker oder Honig unterrühren.
Kurz abkühlen lassen, dann in eine Glasschüssel oder in Portionsschälchen füllen. Auf die erkaltete Masse eine dünne Schicht saure Sahne streichen. Kühl stellen. Kurz vor dem Servieren die Mandelblättchen daraufstreuen.

Joghurteis

6 Personen
Pro Portion: 195 Kal/819 Joule,
11 g Fett, 4 g Ballaststoffe

150 ml Sahne, gut gekühlt
275 ml fettarmer Joghurt, gut gekühlt
50 g Puderzucker, gesiebt
150 g Vollkornbrösel (s. Tip Seite 27)
2 EL Rum oder Madeira
2 Eier, getrennt
225 g Himbeeren, entstielt

Sahne nicht sehr steif schlagen, dann den Joghurt unterschlagen. Puderzucker und Brösel unterziehen. Rum oder Madeira mit dem Eigelb verrühren und unter die Masse ziehen. Eiweiß steif schlagen und unterziehen. In gut gekühlte Eiswürfelbehälter füllen und bei niedrigster Stufe in das Gefriergerät oder Gefrierfach des Kühlschranks stellen.
2 Stunden gefrieren lassen. Etwa 1 Stunde vor dem Servieren in das Normalfach des Kühlschranks stellen. Auf 6 Gläser verteilen und mit den Himbeeren verzieren.

Joghurt-Reispudding mit Himbeeren

4 Personen
Pro Portion: 270 Kal/1134 Joule,
13 g Fett, 6 g Ballaststoffe

50 g brauner Rundkornreis
25 g brauner Zucker
½ TL Zimt
575 ml Milch
15 g gemahlene Gelatine
1 TL Vanille-Aroma
150 ml fettarmer Joghurt
50 g Mandelblättchen, geröstet
225 g Himbeeren, entstielt

Reis mit Zucker, Zimt und Milch in einen Topf geben und aufkochen lassen. Reis etwa 40 Minuten unter gelegentlichem Rühren köcheln lassen, bis er weich und die Milch aufgesogen ist.
3 EL Wasser in eine Tasse oder in ein Schälchen geben, Gelatine einstreuen und im Wasserbad auflösen. 2 EL der Gelatine-Mischung zusammen mit dem Vanille-Aroma unter den Reis rühren. Abkühlen lassen, dann den Joghurt und den größten Teil der Mandeln unterziehen. Auf 4 Dessertgläser verteilen.
Restliche Gelatine noch einmal erwärmen, Himbeeren damit glasieren. Auf dem Reis anrichten, mit Mandeln verzieren und kühl stellen.

Aprikosencreme

4 Personen
Pro Portion: 235 Kal/987 Joule,
6 g Fett, 18 g Ballaststoffe

225 g getrocknete Aprikosen, eingeweicht
3 Bananen, in Scheiben geschnitten
150 ml fettarmer Joghurt, gut gekühlt
2 EL Sahne
½ TL Zimt
25 g Kokosflocken, geröstet

Aprikosen und Bananen mit Joghurt, Sahne und Zimt pürieren. Auf 4 Dessertgläser verteilen und kühl stellen. Kurz vor dem Servieren mit den gerösteten Kokosflocken bestreuen.

Variation
Andere Trockenfrüchte können ebenso zubereitet werden. Besonders gut schmecken getrocknete Birnen oder Pfirsiche. Je eine Prise Nelkenpfeffer und Muskat zufügen.

Reis-Feigenauflauf
Foto Seite 141

4 Personen
Pro Portion: 285 Kal/1197 Joule,
8 g Fett, 8 g Ballaststoffe

40 g brauner Rundkornreis
575 ml Milch
25 g brauner Zucker
2 Eier
175 g getrocknete Feigen, eingeweicht und gekocht

Reis mit der Milch in einen Topf geben, aufkochen lassen und den Deckel so daraufsetzen, daß der Topf nicht ganz verschlossen ist. Unter gelegentlichem Rühren etwa 40 Minuten köcheln lassen, bis der Reis weich und die Milch aufgesogen ist. Zucker unterrühren und kurz abkühlen lassen. Eier unterschlagen.
Backofen auf 190° C vorheizen. Auflaufform fetten.
Form mit den Feigen auslegen, Reismischung darübergießen. Etwa 15 Minuten backen, bis die Oberfläche gebräunt ist. Heiß servieren.

Ländliche Apfel-Pie

Foto Seite 141

---

8 Personen
Pro Portion: 285 Kal/1197 Joule, 14 g Fett, 5 g Ballaststoffe

---

Füllung
50 g feines Hafermehl
½ TL Zimt
½ TL Ingwerpulver
Prise Nelken
abgeriebene Schale und Saft von 1 Zitrone
500 g Kochäpfel, entkernt und in Scheiben geschnitten

Teig
350 g Weizen-Vollkornmehl
1 TL Salz
125 g Margarine
etwa 4 TL Wasser
Milch zum Bestreichen

Backofen auf 200° C vorheizen.
Für die Füllung Hafermehl mit Gewürzen, Zitronensaft und -schale vermischen. Äpfel in dieser Mischung wenden.
Für den Teig Mehl mit Salz vermischen und die Margarine unterreiben, bis eine feinbröselige Mischung entsteht. So viel Wasser zugeben, daß sich ein fester Teig arbeiten läßt. Auf einer leicht bemehlten Fläche glattkneten. Teig halbieren. Eine Teighälfte ausrollen und eine Pieform mit 23–25 cm Durchmesser ganz damit auslegen. Auch der obere Rand muß sorgfältig belegt sein. Äpfel darauf verteilen, Teigränder befeuchten. Restlichen Teig ausrollen und über die Füllung und die Formränder legen. Die Ränder zurückschneiden und fest zusammendrücken. Teigreste noch einmal ausrollen, hübsche Formen ausstechen und die Pie damit verzieren. Mit Milch bestreichen. 35–40 Minuten backen. Heiß oder kalt servieren.

Johannisbeer-Kaltschale

---

4 Personen
Pro Portion: 95 Kal/399 Joule, 0 g Fett, 11 g Ballaststoffe

---

500 g schwarze Johannisbeeren, von den Rispen gestreift
150 ml Orangensaft
40 g Tapioka
40 g brauner Zucker
Prise Zimt
etwas brauner Zucker

Beeren im Orangensaft weich kochen. Saft durch ein feines Sieb abgießen und zurück in den Topf geben. Bis kurz vor dem Siedepunkt erhitzen und Tapioka einstreuen. Gut umrühren. Unter gelegentlichem Rühren köcheln lassen, bis die Stärke aufgeweicht ist.
Inzwischen die Beeren durch das Sieb streichen. Mit dem Zucker unter die Saftmischung rühren. Topf von der Kochplatte nehmen und 5 Minuten abkühlen lassen. Mischung auf 4 Dessertschälchen verteilen. Zur Verzierung mit einer Prise Zimt und etwas Zucker bestreuen. Gut gekühlt servieren.

Apfelauflauf

Foto Seite 141

4 Personen
Pro Portion: 330 Kal/1386 Joule,
15 g Fett, 9 g Ballaststoffe

75 g Vollkornbrösel (s. Tip Seite 27)
2 EL Weizen- oder Knusperkleie
200 ml Milch, kochendheiß
25 g Margarine
2 Eier, getrennt
50 g Sultaninen
50 g entkernte Datteln, fein gewürfelt
25 g brauner Zucker
Prise Zimt
450 g Kochäpfel, entkernt und klein geschnitten
1 Apfel, entkernt und in dünne Scheiben geschnitten
1 TL Margarine, zerlassen
25 g Walnüsse, gehackt

Brösel und Kleie in eine Schüssel geben und mit der Milch übergießen. Margarine unterrühren und das Ganze zugedeckt etwa 30 Minuten stehen lassen, bis die Milch eingesogen ist.
Eigelb nacheinander unterschlagen, anschließend Sultaninen, Datteln, Zucker und Zimt untermischen, zuletzt die kleingeschnittenen Äpfel.
Backofen auf 190° C vorheizen. Auflaufform fetten.
Eiweiß steif schlagen und unter die Apfelmischung ziehen. In die Form geben und 35–40 Minuten backen, bis der Auflauf schön aufgegangen und goldbraun ist.
Die Apfelscheiben in einer Reihe auf der Mitte des Auflaufs anordnen. Mit der zerlassenen Margarine bestreichen und mit den gehacktenWalnüssen bestreuen. Noch 4–5 Minuten überbacken. Heiß oder kalt servieren.

Bratäpfel

4 Personen
Pro Portion: 210 Kal/882 Joule,
3 g Fett, 16 g Ballaststoffe

4 große Kochäpfel
8 große getrocknete Pflaumen, eingeweicht und entsteint
8 getrocknete Aprikosen, eingeweicht und gewürfelt
etwa 1 EL Sultaninen
15 g Margarine
150 ml Orangensaft

Backofen auf 190° C vorheizen.
Von den Äpfeln die Kerngehäuse ausstechen (Apfelausstecher benutzen). Pflaumen mit gewürfelten Aprikosen füllen. In jeden Apfel 2 der so vorbereiteten Pflaumen drücken, falls nötig, die Äpfel noch etwas stärker aushöhlen. Sultaninen in die Zwischenräume drükken. Auf jeden Apfel ein Stück Margarine geben. Schalen der Äpfel einstechen oder einritzen.
Äpfel aufrecht in eine flache Auflaufform passender Größe stellen und mit Orangensaft übergießen. 40–45 Minuten backen, bis die Äpfel weich sind. Sie dürfen nicht zusammenfallen. Heiß servieren.

Variationen
Die Äpfel können auch mit anderen Trockenfrüchten oder Fruchtmischungen gefüllt werden, zum Beispiel mit Korinthen, Rosinen oder gewürfelten Feigen. Gehackte Nüsse verleihen dem Ganzen mehr Biß, sie bilden besonders zu mehligen Apfelsorten eine gute Ergänzung. Auch Kokosflocken, mit etwas Weizenkleie vermischt, 10 Minuten vor dem Ende der Garzeit über die Äpfel gestreut, passen gut dazu.

Apfel-Haferauflauf

6 Personen
Pro Portion: 425 Kal/1785 Joule,
10 g Fett, 4 g Ballaststoffe

40 g Margarine
100 g Haferflocken
25 g brauner Zucker
50 g Weizenmehl, Type 1050
2 Eier
275 ml Milch
500 g Kochäpfel, entkernt und in Scheiben geschnitten
½ TL Zimt

Backofen auf 190° C vorheizen. Auflaufform fetten.
Margarine bei schwacher Hitze in einem Topf zerlassen, Haferflocken und Zukker einrühren und von der Kochplatte nehmen. Mehl unterrühren. Eier mit Milch verquirlen und nach und nach unter die Haferflocken rühren.
Boden der Form mit der Hälfte der Apfelscheiben auslegen. Hafermischung darüber verteilen, oben glattstreichen. Restliche Äpfel daraufgeben, mit Zimt bestreuen. 50–55 Minuten backen, bis die Füllung fest ist. Heiß oder kalt servieren.

Apfel-Aprikosenauflauf

6 Personen
Pro Portion: 300 Kal/1260 Joule,
10 g Fett, 14 g Ballaststoffe

50 g Margarine
225 g Müsli-Grundmischung (s. Seite 14)
abgeriebene Schale und Saft von 1 Orange
500 g Kochäpfel, entkernt und in Scheiben geschnitten
225 g getrocknete Aprikosen, eingeweicht und abgetropft

Backofen auf 180° C vorheizen.
Margarine zerlassen, Müsli und Orangenschale einrühren. Orangensaft und 2 EL Wasser in eine Auflaufform gießen. Form mit einer Schicht Apfelscheiben und Aprikosen auslegen. Eine Schicht Müslimischung darüber verteilen. Das Ganze schichtweise einfüllen, mit Müsli abschließen. 35–40 Minuten backen, bis die Oberfläche goldbraun ist. Heiß servieren. Aber auch kalt schmeckt dieser Auflauf sehr gut.

Apfel-Dattel-Charlotte

4 Personen
Pro Portion: 150 Kal/630 Joule,
6 g Fett, 5 g Ballaststoffe

6 EL Vollkornbrösel (s. Tip Seite 27)
500 g Kochäpfel, entkernt und in dünne Scheiben geschnitten
50 g entkernte Datteln, in Scheiben geschnitten
1 EL Honig
1 EL Wasser
abgeriebene Schale und Saft von 1 Zitrone
Prise Nelken
25 g Margarine

Backofen auf 180° C vorheizen. Auflaufform fetten und mit etwas Bröseln ausstreuen.
Form mit einer Schicht Apfelscheiben auslegen, die Datteln und einen Teil der Brösel darauf verteilen. Äpfel und Brösel schichtweise einfüllen, mit Bröseln abschließen.
Honig mit Wasser, Zitronenschale und -saft, Nelken und Margarine in einem kleinen Topf langsam erhitzen und gut durchmischen, dann über den Auflauf gießen. Mit einem Löffel festdrücken. 1¼–1½ Stunden backen, bis die Oberfläche knusprig und goldbraun ist. Heiß servieren.

Pfannkuchen mit Apfel-Quarkfüllung

Ergibt 8 Stück
Je Pfannkuchen: 120 Kal/504 Joule, 7 g Fett, 4 g Ballaststoffe

Teig
100 g Weizen-Vollkornmehl
große Prise Salz
1 Ei
275 ml Milch

Füllung
225 g Magerquark oder fettarmer Frischkäse
75 g entkernte Datteln, gewürfelt
2 Äpfel, entkernt und klein geschnitten
abgeriebene Schale und Saft von 1 Zitrone

Garnitur
Zitronenschnitze

Mehl mit Salz vermischen, in die Mitte eine Mulde drücken. Ei hineinschlagen, die Hälfte der Milch darübergießen und gut durchschlagen. Teig glattschlagen, dann die restliche Milch einrühren. Gut durchschlagen und mindestens 30 Minuten ruhen lassen.
Für die Füllung Quark oder Frischkäse mit Datteln und Äpfeln verrühren. Zitronensaft und -schale unterrühren.
Schwere Pfanne erhitzen, etwas Teig hineingeben und die Pfanne drehen, damit sich der Teig auf dem Pfannenboden verteilt. Bei starker Hitze backen, bis der Pfannkuchen Blasen wirft. Wenden und die andere Seite backen. Fertige Pfannkuchen auf einer runden Platte übereinanderstapeln und warm stellen, bis der ganze Teig verbacken ist.
Pfannkuchen mit der Apfel-Quark-Masse füllen und in der Mitte zusammenklappen oder aufrollen. Mit den Zitronenschnitzen auf einer vorgewärmten Platte anrichten und servieren.

Variation
Anstelle der Datteln können andere kleingeschnittene Trockenfrüchte verwendet werden: Rosinen, Korinthen, Zitronat, Orangeat oder Aprikosen eignen sich dafür, ebenso Backpflaumen und Feigen. Die Äpfel können durch gewürfelte Bananen ersetzt werden.

Gebackene Pfirsiche

4 Personen
Pro Portion: 355 Kal/1491 Joule, 15 g Fett, 6 g Ballaststoffe

8 große Pfirsiche
6 Hafertaler (s. Seite 130), zerbröckelt
75 g geriebene Mandeln
abgeriebene Schale und Saft von 1 Orange
200 ml lieblicher Weißwein
25 g brauner Zucker

Backofen auf 180° C vorheizen.
Pfirsiche einige Sekunden in kochendes Wasser legen, mit einem Schaumlöffel herausnehmen und die Schalen abziehen. Pfirsiche halbieren und entsteinen.
Zerbröckelte Kekse mit Mandeln und Orangenschale vermischen. Pfirsiche damit füllen und je zwei Hälften wieder aufeinandersetzen. Mit hölzernen Cocktailstäbchen feststecken.
Pfirsiche in eine flache Auflaufform setzen, mit Wein und Orangensaft übergießen und 15 Minuten backen, dabei gelegentlich mit der Flüssigkeit bestreichen.
Grill einschalten. Pfirsiche gut mit Zukker bestreuen und etwa 2 Minuten übergrillen, bis der Zucker karamelisiert.
Heiß servieren.

Variationen
Anstelle der Hafertaler kann man auch zerbröckelte Ingwerstreifen verwenden. Der Wein kann durch Orangen- oder Apfelsaft ersetzt werden.

Orangenpudding

8 Personen
Pro Portion: 540 Kal/2268 Joule,
20 g Fett, 11 g Ballaststoffe

2 große Orangen
175 g entkernte Datteln, fein gewürfelt
2 Kochäpfel, entkernt und gerieben
2 große Möhren, gerieben
150 g Vollkornbrösel (s. Tip Seite 27)
175 g Weizen-Vollkornmehl
1 TL Nelkenpfeffer
Prise Salz
175 g Rosinen
40 g brauner Zucker
100 g Margarine
2 Eier, verquirlt

Einen großen Topf zu einem Drittel mit Wasser füllen, Wasser zum Kochen bringen. Puddingform fetten.
Von 1 Orange die Schale dünn abschneiden, in schmale Streifen schneiden und beiseite stellen. Von der zweiten Orange die Schale abreiben und beiseite stellen. Von beiden Orangen das Weiße und die Kerne entfernen und das Fruchtfleisch klein schneiden. Fruchtfleisch mit Datteln, Äpfeln, Möhren, Bröseln, Mehl, Nelkenpfeffer, Salz, Rosinen, Zucker, Margarine und abgeriebener Orangenschale vermischen. Nach und nach die Eier unterschlagen.
Den Boden der Puddingform mit der in Streifen geschnittenen Orangenschale bestreuen. Pudding in die Form füllen, mit gefetteter Folie abdecken und auf einen Untersatz in das Wasserbad setzen.
Deckel daraufsetzen und den Pudding 3½ Stunden kochen. Falls nötig, kochendes Wasser nachfüllen, so daß das Wasser immer bis zur halben Höhe der Puddingform reicht. In eine vorgewärmte Schüssel stürzen.

Gegrillte Orangen

4 Personen
Pro Portion: 60 Kal/252 Joule,
0 g Fett, 3 g Ballaststoffe

6 große Orangen
2 TL brauner Zucker
¼ TL Zimt

Orangen quer halbieren, das Fruchtfleisch aus den einzelnen Spalten herauslösen und die Spaltenwände aus den Schalen entfernen. Das Fruchtfleisch auf die 4 Schalenhälften verteilen. Zimt und Zucker vermischen.
Kurz vor dem Servieren den Grill einschalten. Orangenhälften mit der Zuckermischung bestreuen. Unter den Grill schieben und überbacken, bis der Zukker Blasen wirft und die Orangen heiß sind. Sofort servieren.

Bananen mit Kokosflocken

4 Personen
Pro Portion: 315 Kal/1323 Joule,
12 g Fett, 4 g Ballaststoffe

8 kleine Bananen
2 EL Honig, verflüssigt
50 g Kokosflocken
1 Orange, geviertelt

Backofen auf 180° C vorheizen. Flache Auflaufform fetten.
Bananen schälen und mit dem verflüssigten Honig bestreichen. In den Kokosflocken wälzen und in die Form legen. 20–25 Minuten backen, bis die Kokosflocken knusprig sind, dabei einmal wenden. Mit gerösteten Kokosflocken bestreuen und mit den Orangenvierteln verzieren. Heiß servieren.

Weizenspeise mit Korinthen

4 Personen
Pro Portion: 260 Kal/1092 Joule,
4 g Fett, 6 g Ballaststoffe

200 g ganze Weizenkörner
850 ml Wasser
Prise Salz
25 g brauner Zucker
½ TL Zimt
Prise Ingwerpulver
75 g Korinthen
25 g Walnüsse, gehackt

Weizen mit Wasser und Salz in einen großen Topf geben und zugedeckt 1¼–1½ Stunden köcheln lassen, bis er weich und das ganze Wasser aufgesogen ist.
Zucker, Gewürze und Korinthen vermischen, unter den Weizen rühren und das Ganze noch 5 Minuten köcheln lassen. In eine vorgewärmte Schüssel geben, mit den Nüssen bestreuen und heiß servieren.

Serviervorschlag
Weizenspeise heiß mit gedünsteten Pflaumen, Aprikosen oder würzig abgeschmeckten Äpfeln oder Birnen servieren. Oder abkühlen lassen und mit Kompott servieren.

Rosinenpudding

6 Personen
Pro Portion: 195 Kal/819 Joule,
9 g Fett, 3 g Ballaststoffe

75 g Weizenmehl, Type 1050
1 TL Nelkenpfeffer
Prise Muskat
75 g Vollkornbrösel (s. Tip Seite 27)
15 g brauner Zucker
65 g Margarine
etwas Milch
100 g gemischte Trockenfrüchte, Korinthen, Sultaninen und Rosinen

Wasser in einem großen Topf zum Kochen bringen. Puddingform fetten. Mehl mit den Gewürzen durchsieben, im Sieb verbleibende Kleie wieder zufügen. Brösel und Zucker einrühren, Margarine unterreiben. So viel Milch zugeben, daß ein weicher, fließender Teig entsteht. Trockenfrüchte unterrühren. Pudding in die Form füllen, mit gefetteter Folie abdecken und gut zubinden. Auf einen Untersatz in das Wasserbad setzen. Den Topf mit einem Deckel verschließen und den Pudding 2 Stunden kochen lassen, gegebenenfalls kochendes Wasser nachgießen. Den Pudding auf eine vorgewärmte Platte stürzen und heiß servieren.

Rezeptregister

BLV Küchen-Ratgeber

Marlene Große Berg

Selbstgebackenes

Dieser Ratgeber für alle, die beim Selberbacken Erfolg und Freude haben wollen, umfaßt 15 Kapitel mit über 600 sorgfältig überprüften Rezepten aus allen Bereichen des Backens.

2. Auflage, 364 Seiten, 36 Farbfotos, 36 Zeichnungen

Ursula Grüninger *

Das Käsebuch

Die beliebtesten Sorten und Rezepte

Dieses Käsebuch vermittelt alles Wissenswerte zum Thema Käse und stellt 136 Sorten mit genauen Angaben über Form, Aussehen, Geschmack, Fettgehalt und Verwendung vor.

216 Seiten, 26 Farbfotos

Erna Horn *

Fisch in der Küche

Dieses Fisch-Kochbuch umfaßt 246 Rezepte für Flußfische, 93 Rezepte für Seefische und 43 Rezepte für Beilagen und Soßen.

3. Auflage, 224 Seiten, 8 Farbfotos, 44 Zeichnungen

Erna Horn

Wild in der Küche

Die über 400 vollmundigen Rezepte – vom Auerhahn bis zum Wildschwein – wurden alle selbst ausprobiert. Wildbret – mit seinem aparten Geschmack und seiner leichten Verdaulichkeit – bringt willkommene Abwechslung.

10. Auflage, 208 Seiten, 16 Farbfotos, 55 Zeichnungen

Susanne Lücke

Hausgemachtes für Küche und Keller

Natürlich, herzhaft, originell

Im theoretischen Vorspann dieses Buches werden alte Konservierungsmethoden ohne chemische Zusatzstoffe vorgestellt. Der umfangreiche Hauptteil enthält Rezepte zu Brot, Fleisch, Milchprodukten, Gemüse, Obst, Wein und vielem mehr.

2. Auflage, 208 Seiten, 16 Farbfotos, 9 Zeichnungen

Annette Sander

Vorräte selbst gemacht zu jeder Zeit

Der technische Fortschritt in der Küche – Gefrierschrank, Küchenmaschinen, moderner Herd – soll so sinnvoll wie möglich genutzt werden. Mit Hilfe dieses Buches kann man Gerichte für Gäste und Familie nicht nur bequemer, sondern auch billiger, schneller und besser zubereiten.

264 Seiten, 24 Farbfotos

Hedwig Maria Stuber *

Ich helf dir kochen

Dieses Grundkochbuch ist ein echter Kochbuch-Klassiker. Es umfaßt über 1600 Rezepte und informiert auch über alles, was man über das Thema Kochen hinaus wissen muß, z. B. über Gästebewirtung, gesunde Ernährung, Schonkost und Diät, gibt Einkauftips und enthält eine Nährwerttabelle.

27. Auflage, 520 Seiten, 73 Farbfotos, 90 Zeichnungen

Horst Scharfenberg *

Das praktische Buch vom Wein

Der Autor, als kulinarischer Experte bekannt, schreibt hier über die Weine der Welt und widmet sich allen Fragen, die ein Weinfreund stellen kann.

2. Auflage, 344 Seiten, 34 Farbfotos, 10 Zeichnungen

* = Ausgezeichnet mit der Silbermedaille der Gastronomischen Akademie Deutschlands

BLV Verlagsgesellschaft München